Stefan Gottschling

Werbebriefe einfach machen!

So-geht´s-Bücher: Wissen einfach umsetzbar

So-geht´s-Bücher sind etwas Besonderes. Jedes Buch ist so konzipiert, dass Sie seine Inhalte schnell umsetzen können. Keine graue Theorie, sondern konkretes Wissen mit der Theorie, die für eine gelungene Umsetzung nötig ist.

Fundgrube für praktische Ideen

Gleichzeitig finden Sie in So-geht´s-Büchern viele praktische Ideen. Immer wieder werden Sie auf Dinge stoßen, die Sie sofort ausprobieren oder übernehmen wollen. Und damit kein nützlicher Gedanke verloren geht, haben wir in jedem Buch einen breiten Rand gelassen. Hier ist Platz für all Ihre Anmerkungen und Ideen.

Machen Sie mit …

So-geht's-Bücher laden zum Mitmachen ein. Der breite Rand ist als schnelle Leseleiste konzipiert und bringt Inhalte schnell und präzise auf den Punkt. Hier notieren Sie auch einfach alles, was Ihnen zum Thema einfällt und was Ihre tägliche Arbeit verbessert.
Deshalb empfehlen wir übrigens für Firmen So-geht's-Bücher „in höherer Dosierung“: Jeder Mitarbeiter sollte eines haben, damit im Team keine Idee verloren geht. Fragen Sie einfach nach unseren Mengenangeboten.

Ein Buch mit Schnellstraßen

Egal wie viel Zeit Sie haben: So-geht's-Bücher bieten immer praktischen Nutzen. Für das ganze Buch brauchen Sie etwa eine Stunde. Haben Sie weniger Zeit, steigen Sie einfach mit den einzelnen Kapiteln ein – oder Sie lesen gezielt nur Stellen, die für Sie wichtige Informationen enthalten. Die Randbemerkungen sind wie Schnellstraßen: Sie erlauben Ihnen innerhalb Ihres Zeitkontingents die Kapitelinhalte zu erarbeiten. So konstruieren Sie ein Wissensnetz. Und neue Informationen bleiben in diesem Netz schneller hängen.

Doch nicht nur Randbemerkungen helfen bei der schnellen Erfassung der Inhalte. Auch die Kapitelstartseiten mit dem Überblick in Stichpunkten oder die vielen Hervorhebungen und Zusammenfassungen im Text helfen beim schnellen Aufbau Ihres Wissensnetzes zu einem Thema.

Klare und einfache Sprache

Zu guter Letzt noch ein Wort über die Sprache Ihres So-geht's-Buches: Wir achten ganz besonders darauf, dass Ihnen ein Thema in klarer und einfacher Sprache präsentiert wird. Nach dem Leitspruch: „Der Schreiber muss sich plagen und nicht der Leser" wollen wir Ihnen auch komplexe Inhalte einfach vermitteln.

Viel Spaß beim Lesen!

Ihr

Stefan Gottschling

Vorab eine kleine Gebrauchsanweisung

Liebe Leserin,

lieber Leser,

dieses Buch ist – wie der Name schon sagt – ein So-geht's-Buch. Das bedeutet für Sie: In kürzester Zeit können Sie prägnante und fundierte Informationen aufnehmen. Ein Leitsystem aus Symbolen führt Sie auf „Schnellstraßen" durch das Buch. So finden Sie gezielt die Stellen, die für Sie Wichtiges enthalten.

Das sind Ihre Wegweiser:

Ihre Notizen

Dieses Symbol sagt: Hier ist genügend Platz für alles, was Ihnen zum Thema einfällt. Notieren Sie einfach alle Ideen und Anmerkungen auf dem breiten Rand Ihres So-geht´s-Buches.

Zusammenfassung

Hier sind die wichtigsten Punkte aus dem Kapitel noch einmal zusammengefasst. Die Zusammenfassungen dienen Ihnen auch als Schnell-Leseleiste. So können Sie in kürzester Zeit die Inhalte erfassen und bearbeiten.

Praxistipp

Jetzt wird es praktisch: Die Glühbirne zeigt Ihnen, wo Sie konkrete Übungen und Ansatzpunkte finden, die Ihre Werbebriefe verbessern. Legen Sie Ihr So-geht´s-Buch einfach neben sich auf den Schreibtisch und arbeiten Sie parallel an Ihren Texten.

Übung: Ihr eigener Text

Dieses Buch fordert Sie immer wieder auf, eigene Texte zu bearbeiten. Legen Sie einfach eigene Briefe oder Textentwürfe bereit.

Glossar

Ein kleines Lexikon am Ende des Buches bietet zusätzliche Fachbegriffe und Worterklärungen rund um den Werbebrief.

Marginalien

Zahlreiche kurze Sätze auf dem Rand des Buches erläutern die wesentlichen Punkte des Textes. Gemeinsam mit den Zusammenfassungen fügen sie sich zu einer Schnell-Leseleiste zusammen. So lassen sich die wichtigsten Inhalte mit wenig Zeitaufwand lesen und bearbeiten.

Das sind Ihre Themen

Vorwort

Liebe Leserin, lieber Leser,

gleich zu Anfang möchte ich Ihnen ein kleines Geheimnis verraten: Die drei wichtigsten Schreibregeln für Werbebriefe, die ich kenne, stammen

- von Wilhelm Busch
- von Johann Wolfgang von Goethe und
- von der Punkband „Die Toten Hosen".

Es sind drei simple Weisheiten, die Schreiben eigentlich ganz einfach machen.

Wilhelm Busch: „Er sagt es schön und angenehm, was erstens, zweitens, drittens käm."

Wer sofort lossprudelt, alles auf einmal sagen will, keinem roten Faden folgt, der hat schon verloren. Solche Texte überfordern, nehmen den Leser nicht mit – und landen im Papierkorb.
In diesem Buch halten wir es mit Wilhelm Busch!

Johann Wolfgang von Goethe: „Getretner Quark wird breit, nicht stark."

Aus einem schwachen Inhalt kann auch der beste Texter keinen starken Brief entwickeln. Und achten Sie darauf, dass Texte keinesfalls breitgetreten werden. Satzmonster mit vielen Kommas gehören nicht in Werbebriefe. Spätestens das dritte Komma signalisiert: Jetzt wird´s schwierig. Und wenn ein Werbebrief schwierig wird, sagt er gleichzeitig: Lies mich nicht – und bring mich zum Papierkorb.
In diesem Buch halten wir es mit Johann Wolfgang von Goethe!

Die Toten Hosen: „Kauf mich" (Audio-CD-Titel 2001)

Eines der wichtigsten Geheimnisse erfolgreicher Werbebriefe: das Kauf-Mich. Wenn Sie wollen, dass jemand kommt, müssen Sie sagen: „Komm!" Wenn Sie wollen, dass jemand kauft, müssen Sie sagen: „Kauf!" Daran ist nicht zu rütteln! Wenn Sie Ihrem Leser also nicht sagen, was Sie von ihm erwarten, haben Sie umsonst geschrieben. Deshalb halten wir es in diesem Buch mit den „Toten Hosen“.

Allerdings ist auch wichtig, wie wir etwas sagen. Sagen wir: „Ruf an!“? Oder sagen wir: „Einfach gleich anrufen. Wir freuen uns auf das erste Gespräch!“? Die Frage „Wie sage ich etwas?“ versteckt sich hinter dem Fachwort Tonalität. Auch darüber werden Sie gleich noch mehr erfahren.

Hinter jeder dieser Regeln stecken viele Fragen, viele Firmen, die über Jahre Briefe im Markt getestet haben, und viele tausend Anregungen aus Seminaren und Projekten. Vielen Dank deshalb an Zuhörer, Leser und Gesprächspartner. Dieses Buch will ein wenig von der Atmosphäre und Begeisterung der Seminare zu Ihnen bringen – und Sie fesseln wie eben ein guter Werbebrief.

Viel Spaß beim Lesen und Schreiben!

Ihr

Stefan Gottschling

Der Anstoß, diese Schreibregeln mit Goethe und Wilhelm Busch zu fassen, kam bei der Lektüre von Wolf Schneiders „Deutsch für Kenner“ – ein Buch, das ich an dieser Stelle herzlich empfehle.

Bevor´s richtig losgeht …

Vor über 50 Jahren, am 16.08.1957 eröffnete in Augsburg ein neues Ingenieurbüro für Heizung und Lüftung. Und der Gründer schrieb zu dieser Eröffnung einen Werbebrief „reinsten Wassers“. Persönlich, direkt, mit klaren Vorteilen und lange Jahre bevor „schriftliche Verkäufer“ im Direktmarketing überhaupt thematisiert wurden. Ein Beispiel, so schön, so überzeugend und auch heute noch so eindringlich, dass wir es Ihnen nicht vorenthalten wollen.

• • •

INGENIEUR-BÜRO FÜR HEIZUNG UND LÜFTUNG ERWIN STEIN

Ing. Erwin Stein VDI, Leitershofen über Augsburg 2, Krippackerstr. 14 Telefon Augsburg 33735 - Bankkonto: Stadtsparkasse Augsburg Konto-Nr. 50030

Ihre Zeichen Ihre Nachricht vom Mein Zeichen Tag
16.08.1957

Betrifft ein Spezialgebiet und eine Neueröffnung

Ein falscher Zug und schon ist es geschehen! Der Bauherr wettert, der Installateur macht Ausflüchte und Sie stehen dazwischen. Was tun? Telefonieren! Wählen Sie 3-3-7-3-5! Das Weitere wird sich finden.

33735 ist die Rufnummer meines neuen Ingenieur-Büros. Als Spezialist für Heizung und Lüftung kann ich allerhand für Sie tun. Besonders wenn Sie mich schon bei der Bauplanung rufen.

Kein Bau ist wie der andere. Andere Einteilung, andere Aufgaben, andere finanzielle Voraussetzungen und der unterschiedliche Geschmack der Bauherren Verlangen auch für Heizung und Lüftung spezielle Lösungen. Die Entscheidung, wie am Bau am zweckmäßigsten zu installieren ist, setzt das Wissen um die physikalischen Gesetze und die genaue Kenntnis aller Heiz- und Lüftungs-Systeme voraus, deren es heute eine ganze Anzahl gibt. Ich verfüge über das Wissen und die umfassende praktische Orientierung.

Wenn ich Ihnen empfehle, etwas zu Ihrer Entlastung zu tun, so meine ich das wörtlich. Ich entlaste Sie von Arbeit und von Verantwortung. Ich übernehme Projektierung, Ausschreibung, Überprüfung der Kostenangebote, Überwachung der Ausführung und Abrechnung für alle Installationen der Heizung und Lüftung. Dabei handle ich als neutraler Berater und übernehme selbst keinerlei Lieferungen.

Halten Sie ein, wenn Sie in der Projektierung beim Kapitel "Heizung und Lüftung" angelangt sind und senden Sie mir eine Karte oder rufen Sie mich an. Für Sie bedeutet es eine Entlastung und ich würde mich über eine gute Zusammenarbeit sehr freuen.

In dieser Hoffnung verbleibe ich

mit freundlicher Empfehlung

Übrigens: Der Brief war sehr erfolgreich, die Leistung stimmte und das Ingenieurbüro florierte. Es existiert auch heute noch, genießt einen hervorragenden Ruf und wird mittlerweile in 2. Generation geführt durch den Sohn des Gründers, Erwin Stein junior (www.ibstein.de).

Kapitel 1

Ein paar gewichtige Argumente für den Werbebrief

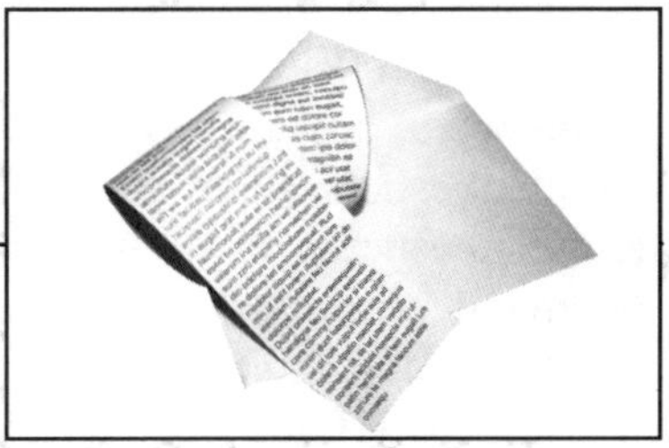

Dieses Kapitel verrät ...

... warum Sie Briefe wie Kundenbesuche betrachten sollten,

... einen großen Vorteil des Werbebriefes im Vergleich zur E-Mail,

... warum jeder Brief Ihres Unternehmens ein Werbebrief ist.

Briefe sind Kundenbesuche mit Konkurrenzvorsprung

Der Werbebrief – Ihr schriftlicher Stellvertreter.

Werbebriefe sind wirkungsvoll, geheimnisvoll, erscheinen per E-Mail in neuen Kleidern und sie tun gut. Ihrem Umsatz, Ihrem Geschäft und Ihren Kontakten. Sie sind Stellvertreter, die für Sie zum Kunden kommen, egal welches Wetter herrscht. Wenn´s stürmt und schneit und Sie selbst gemütlich zu Hause sitzen, ist Ihr schriftlicher Stellvertreter draußen unterwegs. Ein gutes Gefühl!

Werbebriefe kommen meist unangemeldet – und man macht ihnen auf. Ihr Brief spaziert einfach durch die Tür in den Briefkasten. Und niemand ist ihm böse. Wenn sein Angebot stimmt, wenn er ehrlich ist, wenn er Vorteile bietet und wenn er nicht in zu kurzer Zeit immer wieder kommt. Dann werden Briefe lästig – wie der ungeliebte Besucher, den man schon mehrmals abgewimmelt hat und der trotzdem jeden zweiten Tag vor Ihrer Türe steht.

Das lohnt sich: Tragen Sie sich in die Datenbank Ihrer Konkurrenz ein.

Aber wenn alles passt ... dann sind Werbebriefe auch Kundenbesuche von denen die Konkurrenz nichts ahnt. Kundenbesuche mit eingebautem Konkurrenzvorsprung. Niemand weiß, dass Sie gerade heute mit dieser Botschaft beim Kunden landen. Auch Ihr Konkurrent weiß es erst, wenn Ihr Brief auf seinem Schreibtisch liegt. Und dort liegt er nur, wenn dieser Konkurrent in Ihrer Datenbank gelistet ist. Wichtig: Beobachten Sie den Markt und lassen Sie sich in die Datenbank Ihrer Wettbewerber aufnehmen. Wie man hineinkommt? Ganz einfach: als Kunde oder Interessent.

Briefe sind zielgenau

Sie entscheiden selbst, wer Ihre Werbepost bekommt.

Anzeigen, Plakate und Flugblätter haben ein Problem: Nie wissen Sie wirklich, welche Person sich nun gerade mit Ihrer Botschaft beschäftigt und ob Ihre Botschaft tatsächlich dort ankommt, wo sie landen soll. Bei Werbebriefen ist das ganz anders: Da haben Sie eine Adresse. Und einen Briefkasten, in dem Sie Ihre Botschaft an den richtigen Empfänger bringen. Sie entscheiden, wer Ihre

Werbepost bekommt – und wer nicht. Und wählen die Adressaten aus, die mit hoher Wahrscheinlichkeit Ihr Angebot interessant finden. Haben Sie die richtigen Adressen, erreichen Sie auch Ihre Zielgruppe.
Adressen gibt es übrigens überall. Alles, was Sie brauchen, ist ein wenig Fleiß, die richtige CD oder den richtigen Adressenpartner. Der beste Weg ist natürlich der Aufbau einer eigenen Adressdatenbank. Studieren Sie Messe- und Mitgliederverzeichnisse und Branchenbücher. Sammeln Sie Visitenkarten möglicher Kunden auf Messen, Kongressen und sonstigen Veranstaltungen. Was Sie digital bekommen, spart wertvolle Eingabezeit.
Deshalb greifen heute immer mehr Unternehmen auf Adressen-CD-ROMs zurück. Die gibt es in unterschiedlicher Qualität und Informationstiefe von diversen Anbietern. Auch im Internet werden Sie fündig.
Und dann wäre da noch der klassische Adressen-Dienstleister: der Adressenverlag. Hier können Sie Adressen mieten, leasen oder kaufen. Übrigens sind die Kataloge solcher Häuser nützliche Instrumente, wenn es darum geht, Zielgruppen für Produkte zu finden.

Bauen Sie Ihre Adressdatenbank auf!

Briefe brauchen keine „Permission“

Das ist eine der ganz großen Stärken des Werbebriefes! Denn während Sie, um Serien-E-Mails zu verschicken, das Einverständnis der Angeschriebenen brauchen, adressieren Sie Ihren Werbebrief auch ohne die Genehmigung der Adressaten. Die Post wird ihn befördern. Auch Aufkleber wie „Bitte keine Werbung“ wirken nicht gegen die postalische Pflicht Briefe zuzustellen. Deshalb kommt der Brief ganz automatisch durch die „erste Tür“ an Haus oder Büro des Wunschkunden: durch den Briefschlitz. Doch nun kommt es darauf an: Wie wirken Erscheinungsbild und Inhalt? Wie können Sie Ihren Wunschkunden immer tiefer in den Lesevorgang hineinziehen?

„Bitte keine Werbung“ hält Ihren Brief nicht auf.

Jeder Brief ist ein Werbebrief

Der Werbebrief als Aushängeschild Ihres Unternehmens.

Jeder Brief sagt etwas über Sie und/oder Ihr Unternehmen. Egal ob echter Werbebrief, persönliche Korrespondenz, Beschwerde oder ein Leserbrief. Stimmt Ihr Auftritt? Ihr Briefpapier sollte zunächst einmal professionell aussehen. Der Brief selbst muss flüssig in klarer Sprache geschrieben sein, sollte sich mit Absätzen präsentieren und die Regeln der Rechtschreibung und Grammatik einhalten. „Kleider machen Leute", sagt ein Sprichwort. Denn wie die Kleidung eines Menschen sagen Briefe schon durch ihr Erscheinungsbild etwas über den Absender aus. Der Idealfall: Sie präsentieren sich im besten Licht und verschaffen Ihrem Anliegen professionell die gewünschte Aufmerksamkeit.

Briefe und Direktmarketing

Ihr Ziel beim Direktmarketing: die direkte Reaktion des Lesers.

Einfach gesagt: Wenn Sie durch ein Werbemittel eine direkte Reaktion auslösen wollen, sprechen wir von Direktmarketing. Wenn Ihr Leser gleich bestellen, vorbeikommen, anrufen soll, fordern Sie eine solche Reaktion ein. Deshalb sprechen wir im Folgenden auch manchmal von Direktmarketing-Aktionen. Übrigens betont das Wort Dialogmarketing einfach nur den Aspekt des direkten Kontaktes. Es macht klar, dass in einem guten Brief vorausgedachte Gespräche stecken.

Briefe sind eine Investition mit kleinem Risiko

So entsteht Geschäft: mit Papier, Umschlag und Briefmarke.

Was Sie brauchen, um ins Geschäft zu kommen? Papier, Briefmarken, einen Umschlag. Aus dem Papier zaubern Sie Ihren Brief und Ihren Antwortschein – und vielleicht auch noch einen kleinen Prospekt. Schreiben, kuvertieren, zukleben und ab die Post. Schon erfährt einer, dass es Sie und Ihr Angebot gibt. Einer, hundert oder tausend. Je nachdem, wie viel Sie in Porto investieren.

Praxistipp Porto: Was schriftliche Kundenbesuche kosten

Wer regional oder in großen Stückzahlen wirbt, profitiert von besonderen Porto-Angeboten für Massensendungen. „Infopost" oder „Infobrief" nennt man diese Zustellungsarten bei der Deutschen Post AG. Informationen dazu gibt es in jeder Post-Filiale, in jedem Direktmarketing-Center und natürlich im Internet.
Was Ihr Werbebrief kostet, erfahren Sie ganz einfach unter www.deutschepost.de, www.postsitter.de oder www.posttipp.de.

Ihr Brief ist günstiger, als Sie denken.

Die Gebühren der Deutschen Post AG

Standardgröße bei Infopost und Infobrief: Ihre kuvertierte Aussendung hat ein Gewicht bis 20 g und ist im Format von 140/90/x bis 235/125/5 (L/B/H). Je nach Papiergewicht und Format passen hier alle nötigen Bestandteile hinein. Zum Beispiel Brief, Antwortfax und Prospekt je im Format DIN A4.
Richtig günstig wird es mit dem **Infopost-Tarif** ab 50 inhaltsgleichen Briefen, die in eine PLZ-Region versendet werden. Dieses Angebot gibt es für alle Briefgrößen. Der Tarif für Infopost-Standard beträgt Euro 0,25 pro Brief (Stand August 2007).

Welche Post-Anbieter gibt es bei Ihnen? Einfach informieren und vergleichen!

Auch den Sonderrabatt für **Infobriefe** können Sie immer ab 50 inhaltsgleichen Briefen in Anspruch nehmen. Auch hier versenden Sie verschiedene Briefformate wie Standard, Kompakt, Groß und Maxi mit der Deutschen Post. Infobrief Standard kostet Euro 0,35 pro Brief (Stand August 2007).

Wer im regionalen Umfeld wirbt, profitiert heute jedoch von weiteren Sparmöglichkeiten durch **örtliche Post-Anbieter**. In vielen Städten befördern zum Beispiel auch Zeitungsverlage Ihre Werbepost. Hier lohnt es sich, Tarife anzufragen und einfach zu vergleichen.

! Zusammenfassung von Kapitel 1

Werbebriefe sind schriftliche Stellvertreter, die für Sie unterwegs sind. Sie besuchen Ihre Zielgruppe, wann immer Sie wollen. Und Sie verschaffen sich einen Konkurrenzvorsprung. Ihre Briefe kommen zielgenau und sogar ohne die Erlaubnis des Empfängers an. Eine Investition mit großer Wirkung. Die Erfolgschancen im Detail verrät Ihnen das nächste Kapitel. Einfach weiterlesen.

Kapitel 2

Was Werbebriefe erfolgreich macht ...

Dieses Kapitel verrät ...

... was Werbebriefe sind,

... warum manche Werbebriefe erfolglos bleiben,

... was Ihren Werbebrief begleiten sollte.

Ein Werbebrief ist immer ein Gespräch

Ob Sie zehn, zweihundert oder gleich mehrere tausend Briefe verschicken. Jeder Brief ist ein Gespräch auf lange Distanz, das in Ihrem Namen geführt wird.

Werbebriefe wollen konkrete Reaktionen auslösen.

Während wir Privatbriefe mit viel Geduld verschlingen und die Gedanken des Schreibers mitentwickeln, sind Werbebriefe eher die ungeduldigen Kinder der Briefkultur. Werbebriefe haben ein klares Ziel: Sie wollen eine Reaktion auslösen. Der Leser soll sagen: „Ja, ich komme, ich bestelle“ oder einfach: „Danke, dass Sie an mich gedacht haben.“

In wenigen Sekunden müssen Sie den Empfänger zum Leser machen.

Werbebriefe haben wenig Zeit: In Sekunden müssen sie Ihren Leser fesseln, ihn in den Lesevorgang hineinführen. Und Werbebriefe sind lebendiger denn je. Trotz E-Mail und Internet-Boom erreichen Tag für Tag ganz unterschiedlich gestaltete Werbebriefe die Briefkästen der Verbraucher. Manche sind erfolgreich, manche nicht. Manche landen gleich im Papierkorb – und andere sind so geschickt gestaltet und getextet, dass sich die Vorteile eines Angebots ganz von selbst im Gehirn des Lesers festzumachen scheinen. Wenn Sie als Unternehmer per Werbebrief potenzielle Kunden für Ihre Produkte oder Dienstleistungen begeistern wollen, brauchen Sie solche Texte. Texte, die verkaufen!

Wie verkaufsstarke Briefe entstehen, davon handelt dieses Buch. Dieses Kapitel verrät, woran man erfolgreiche und erfolglose Briefe erkennt.

Nun folgt zuerst Hintergrundwissen. Wenn Sie gleich praktisch einsteigen möchten, lesen Sie auf Seite 26 weiter.

Leitbilder und Ursachen: Ein kurzer Ausflug in die Geschichte

Versuchen wir einmal eine kurze Definition von „Brief“: Der Brief ist zunächst einmal eine schriftliche Rede, die an einen abwesenden Empfänger gerichtet ist. Und diese nahe Verwandtschaft des Briefeschreibens zur Rede ist in allen

Etappen seiner langen Geschichte besonders wichtig.

Ihre Notizen:

....

....

Bereits im 4. Jahrhundert ordnete man den Brief der Redekunst zu. Tatsächlich galten die Regeln des Briefeschreibens im Mittelalter als eigentliche Weiterführung der Rhetorik. Doch gleichzeitig erstarrte auch das Briefeschreiben mit der Rhetorik in festen Regeln.

Das änderte sich erst in der Epoche der Aufklärung. In allen Lebensbereichen stellte ein selbstbewusstes Bürgertum nun alte Ausdrucksformen in Frage. In der Kunst bevorzugte das 18. Jahrhundert das Zierliche und Empfindsame (Rokoko). Hand in Hand mit dieser Entwicklung ging eine starke Wendung ins Diesseits. Die Welt erschien mit Leibniz als die „beste aller möglichen Welten“. Der Bürger suchte neue Formen des Selbstausdrucks und bezweifelte religiöse und politische Hierarchien.

Der Briefroman „Die Leiden des jungen Werthers“ ist Goethes erster Bestseller.

Jetzt forderte der Dichter Christian Fürchtegott Gellert einen individuellen und natürlichen Briefstil, und es war der Briefroman, der in der Literaturepoche des Sturm und Drang die eigene Gefühlswelt literaturfähig machte. So schrieb der junge Goethe 1774 mit „Die Leiden des jungen Werthers“ seinen ersten Bestseller. Der Privatbrief hatte Konjunktur. Zugleich entwickelte sich das offizielle Postwesen und unterstützte den Trend zur jederzeit übermittelbaren privaten Nachricht. Denn jeder konnte nun mühelos seine persönlichen Befindlichkeiten auch zum Adressaten transportieren.

Das Jahrhundert des Briefes lehrt uns: Briefe sind persönlich.

So wurde das 18. Jahrhundert zum Jahrhundert des Briefes. Jeder schreibt nun nieder, was er erlebt hat und was ihn beschäftigt. Öffentliche Ordnung und gesellschaftliches Leben werden neue Themen der privaten Korrespondenz. Das Briefeschreiben wandelte sich von einer „starren“ Kunstform zum schriftlichen Gespräch.

In den folgenden Jahrhunderten verringert zwar das Telefon die Bedeutung des privaten Briefes, doch die anwachsende geschäftliche Korrespondenz fordert Brief über Brief. Erst in unserem Jahrhundert bekommt er ernsthafte Konkurrenz durch die E-Mail. Und die ist selbst ein Brief in neuer Form und in einem neuen Medium. So ist der Brief noch immer die persönlichste, privateste Form der schriftlichen Kommunikation. Ein Gespräch auf lange Distanz.

Der Brief ist immer noch die persönlichste Art der Kontaktaufnahme.

Dieses gespeicherte Bild des Briefes wirkt bis in den Werbebrief hinein. Der Brief mit unserem Namen meint uns, wirkt persönlich. Diesen Eindruck zu erhalten, ist ein wichtiges Ziel bei der Produktion von Werbebriefen.

Deshalb personalisieren wir unsere Briefe und deshalb ist noch immer die blaue, füllfederhalterähnliche Unterschrift die beste aller möglichen. Deshalb klebt man bei besonderen Aktionen Briefmarken auf den Umschlag, um den Eindruck „Privatbrief" zu erwecken, und deshalb behalten wir auch in der E-Mail und im E-Mail-Newsletter Kernelemente des Briefes bei.

Zusammenfassung

Ganz klar: Der Werbebrief ist kein echter Privatbrief. Doch er sieht seinem Vorbild sehr ähnlich. Und er will stilistisch und durch besondere Produktionstechnik eine (persönliche) Nähe zu seinem Leser herstellen. Doch Nähe ist nicht alles. Selbstverständlich gibt es weitere Ursachen für Erfolg und Misserfolg.

Kleine Ursachenforschung: So erkennen Sie erfolglose Briefe

Kontrollieren Sie an eigenen Briefen: Haben sich Erfolgskiller eingeschlichen?

Warum hat mein Werbebrief keinen Erfolg? Wenn Ihre Briefe zu wenig verkaufen, kann es sein, dass Sie einen der folgenden Fehler begehen. Jeder der unten genannten Punkte ist ein „Erfolgskiller", der Ihre Leser ermutigt, eben *nicht* weiterzulesen.

Der erste Eindruck zählt – besonders beim Werbebrief.

1. Ihr Brief zeigt in den ersten Sekunden nichts, was Ihren Leser interessiert

Ihr Brief hat nur wenige Sekunden Zeit, um den Empfänger

zum Lesen zu motivieren. Auf den ersten Blick muss er also Vorteile signalisieren oder neugierig machen.

2. Sie schreiben zu lange Sätze

Nicht nur für den ersten Satz gilt: kurz und einfach. Überprüfen Sie die Länge Ihres ersten Satzes.

Besonders Ihr erster Satz im Werbebrief sollte kurz sein. Leser schließen von Ihrem Einstieg automatisch auf den Stil des gesamten Briefes. Nun will niemand Monstersätze enträtseln und komplizierte Satzstrukturen entwirren. Die Folge: Ihr Werbebrief wandert in Richtung Papierkorb.
Kurze Sätze sind schneller. Ihr Leser versteht sofort. Und genau dies ist die hohe Kunst werblicher „Schreibe". Kurz und präzise auf den Punkt zu kommen, ist immer schwieriger, als lang und ausladend „herumzuschwadronieren".

3. Sie schreiben zu lange Wörter

Weg mit den Wortmonstern!

„Einspeisevergütungsvorschriftensammlung", „...haben als Erstunterzeichnungsberechtigte die Vorführungsvorschriften der Mehrkanalröhrenapparate vor Zurverfügungstellung einer genauen Bereitstellungsprüfung unterzogen", „Automobilzuliefererkonferenz". Merken Sie was? Ihr Leser schaudert ein bisschen und freut sich, dass er das nicht lesen muss.

4. Sie nennen in Ihrem Werbebrief Merkmale oder Features Ihres Produktes, aber nicht die Vorteile für den Leser

Übersetzen Sie Produktmerkmale in echte Vorteile.

Niemand kauft Blumenzwiebeln, weil ihm Blumenzwiebeln so gut gefallen oder weil er die raue Schale so toll findet. Deshalb wäre „raue Schale" nur ein Produktmerkmal der Zwiebel, aber noch lange nicht der leserbezogene Vorteil, der dahinter steckt.

Menschen kaufen Blumenzwiebeln, weil sie sich einen bunten, blühenden Garten wünschen. Weil sie sich jeden Tag daran freuen wollen und ein Teil der Freude auch die neidischen Blicke des Nachbarn sind.
Hier noch einmal eine „raue Schale":

Komplettsystem AMD Sempron 2600+, DVDBR/XP
ASRock Mainboard
256 MB DDR-RAM
200 GB HDD

... wer nun kein Spezialist ist, braucht auch hier die Übersetzung in Vorteile: So steckt hinter 200 GB HDD eine große Festplatte. So groß, dass das ganze Bildarchiv des Käufers draufpasst.

5. Sie schreiben in Ihrem Werbebrief zu häufig ich, wir, uns, unser

Sprechen Sie Ihren Leser persönlich an!

„Sie", „Ihr" oder „Ihnen" sind die Ersatznamen Ihres Lesers. Damit sprechen Sie den Leser direkt an. Denn jeder fühlt sich gerne persönlich angesprochen. Besonders in einem Werbebrief. Auch dieses Buch ist in der Direktansprache geschrieben.

Formulieren Sie um: „Sie erfahren" anstatt „wir teilen Ihnen mit" oder noch freundlicher „freuen Sie sich auf" anstatt „wir schicken Ihnen".

6. Sie haben kein PS am Ende Ihres Werbebriefes

Das PS zeigt Vorteile!

Zwar ist das PS heute kein Muss, doch es ist eines der wichtigsten Elemente eines erfolgreichen Werbebriefes. Denn diese kleinen Zeilen am Ende sind oft der zuerst gelesene Briefabsatz. Nutzen Sie ihn zur Motivation. Ein Vorteil, ein freundlicher Hinweis, wie Sie zu erreichen sind – so ist es richtig. Keinesfalls Unwichtiges, das Sie im Text vergessen haben.

7. Sie sagen nicht, was Ihr Leser als Nächstes tun soll

Geben Sie konkrete Anweisungen und führen Sie Ihren Leser durch den Brief.

Was wollen Sie erreichen? Ein Leser braucht konkrete Anweisungen. Soll er Sie anrufen, ein Fax ausfüllen und zurücksenden, Ihre Homepage besuchen? Wenn Sie Ihren Wunschkunden nicht genau sagen, was sie tun sollen, dann tun sie´s nicht. Auch Werbebriefe brauchen eine „Navigation". „Wir würden uns freuen, einmal von Ihnen zu hören" führt geradewegs in den Papierkorb.

Sieben Erfolgskiller haben Sie jetzt kennengelernt und vielleicht schon den ein oder anderen Brieftext neben dieses Büchlein gelegt. Vielleicht haben Sie auch schon die ein oder andere Ursache für eine weniger gelungene Aktion entdeckt. Eine gute Grundlage für den Start. Denn nach den Erfolgskillern geht´s jetzt um Erfolgsfaktoren.

Übrigens: Diese Erfolgskiller haben Ihnen bereits ein paar Textertipps verraten. Noch mehr zum Werbetext erfahren Sie in Kapitel 4 ab Seite 47.

Zusammenfassung !

7 Erfolgsgaranten:

- Ihr Brief zeigt in den ersten Sekunden, was den Leser interessiert.
- Sie verwenden kurze Sätze und kommen schnell zum Punkt.
- Sie schreiben kurze Wörter und keine Wortmonster.
- Ihr Leser erkennt Vorteile für sich.
- Sie sprechen Ihre Leser direkt an.
- Sie nutzen das PS als zusätzliche Lesemotivation.
- Sie sagen Ihrem Leser ganz konkret, was Sie von ihm erwarten.

Good Company: Was einen Werbebrief begleitet

Die Elemente Ihres Mailings: Umschlag, Brief, Prospekt und Response-Element.

Ihre Briefe sind schriftliche Verkäufer. Sie führen stellvertretende Gespräche auf lange Distanz. Doch wenn solch schriftliche Verkäufer in Briefform einen Kunden besuchen, kommen sie selten allein. Sie haben Begleiter: den Umschlag, oft einen Prospekt und oft auch ein Antwort-Element wie Faxformular oder Antwortkarte. Kommen all diese Elemente zusammen, spricht man in der Werbesprache von einem Mailing. Und dabei bildet jedes der gerade genannten Elemente eine typische Phase in mündlichen Verkaufsgesprächen.

In der folgenden Grafik sehen Sie die einzelnen Elemente eines Verkaufsgespräches: Umschlag, Brief, Prospekt und

Response-Element übernehmen je eine klare Aufgabe. All diese Elemente „spielen“ zusammen und führen den Leser zur gewünschten Reaktion.

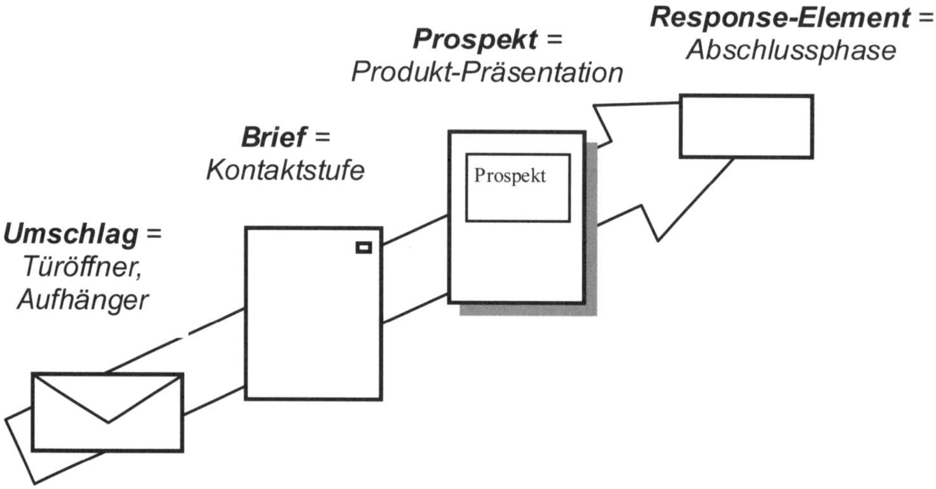

Der Einstieg in Ihr Verkaufsgespräch

Der Umschlag als Türoffner.

Der Umschlag steht für den Türöffner oder Aufhänger des Verkäufers. Erinnern Sie sich einmal an Verkaufsgespräche, die Sie selbst miterlebt haben. Kein Verkäufer fällt sofort mit der Tür ins Haus. Ganz im Gegenteil. Er versucht zuerst einmal Ihr Interesse zu wecken, deutet einen Vorteil an, macht Sie gespannt auf das folgende Gespräch.

Diese Rolle übernimmt Ihr Umschlagaufdruck. Allerdings gibt es hier einige Einschränkungen. Den Umschlag zu bedrucken macht nur Sinn, wenn er den Tisch des Adressaten tatsächlich erreicht. Wenn Sie Firmen anschreiben, ist das selten der Fall, denn Umschläge werden bereits in der Poststelle oder im Sekretariat entfernt. Deshalb setzt man hier auf einfache, seriöse Gestaltung. Umschlagaufdrucke im Privatbereich oder bei Sendungen in kleinere Unternehmen (wo der Entscheider die Post selbst öffnet) funktionieren oft recht gut.

Dies gilt aber nur, wenn Sie tatsächlich einen Aufhänger

verwenden, der zum Öffnen motiviert, oder wenn ein Umschlagaufdruck zu Ihrem Produkt oder Ihrem sonstigen Auftreten passt.

Der Brief baut die persönliche Beziehung auf

Der Brief als Kontaktaufnahme.

Der Brief entspricht der „Kontaktstufe“ echter Verkaufsgespräche. Ein Verkäufer baut in dieser Phase die Beziehung zu seinem Gegenüber auf, wird „persönlich“. Auch im Werbebrief ist Platz für Persönliches. Hier darf der schreibende Mensch präsent sein und formulieren „Ich empfehle Ihnen ...“. Überlegen Sie selbst: Klingen Ihre Briefe wie eine Produktpräsentation oder wie eine persönliche Botschaft? Bleibt der Eindruck, es handele sich nur um eine Produktpräsentation, verschenken Sie eine Chance.

Überprüfen Sie: Wie klingen Ihre Briefe? Persönlich?

Mit dem Prospekt öffnet der Verkäufer den Musterkoffer

Der Prospekt ist die Produktpräsentation.

Der eigentliche Produktverkauf geschieht im Prospekt. Hier präsentieren Sie alle Details für den Leser. Der Verkäufer öffnet jetzt seinen „Musterkoffer“ und zeigt das Produkt. Er präsentiert jetzt Vorteil für Vorteil. Er redet über „Sicherheit“, weist auf die lange Garantiezeit hin, verrät, wie dieses Produkt das Leben seines Gegenübers besser, schöner usw. macht. Diese Argumentation von Vorteil zu Vorteil zeigt sich in den Absätzen Ihres Prospekts. Und die werden jeweils durch eine Headline eingeleitet, die den Leser motiviert weiterzulesen.

Das Response-Element macht eine Reaktion so einfach wie möglich

Gestalten Sie das Response-Element so einfach wie möglich.

Gerade das Reaktions-Element ist der eigentliche „Star“ jeder schriftlichen Verkaufsaktion. Hier ist der Ort der Kaufhandlung, hier werden Termine vereinbart oder es wird die Erlaubnis erteilt, telefonisch nachzufassen. Und: Hier schlägt die Stunde der Wahrheit. Haben Sie es geschafft, durch alle anderen Elemente Ihrer Werbung das Interesse des potenziellen Kunden an einer Bestellung zu wecken? Überlegen Sie noch einmal: Haben Sie Ihrem Leser das Ausfüllen Ihres Reaktions-Elements so einfach wie möglich gemacht?

Zwei wichtige Regeln: Achten Sie auf klare Response-Formulare und setzen Sie auf schnellen Response.

Übrigens fordern Unternehmen Response heute auf vielen Wegen ein:

Viele Wege, ein Ziel: einfacher und schneller Response.

1. Da ist zunächst und noch immer die **klassische Antwortkarte**. Ob A6, DIN lang oder Sonderformate in Übergröße oder mit geschwungenen Ecken: Jedes Format lässt sich heute per Post befördern und damit als Antwortkarte einsetzen. Vergessen Sie nur nicht das kleine Wörtchen Werbeantwort und die Vorgaben zur „maschinenlesbaren" Gestaltung des Anschriftenfeldes (dazu gibt´s nähere Informationen bei der Deutschen Post). Ganz wichtig: Jede Antwortkarte muss heute faxbar sein. Damit zeigt sie eine Anschriften- und eine Bestellseite …
2. … denn immer mehr Adressaten wählen schnelle Wege für ihre Reaktion. Wenn schon Response-Element, dann geht es meistens um **Fax-Response**. Die Faxantwort oder telefonischer Response haben die Antwortkarte weitgehend abgelöst, denn Verbraucher sind ungeduldig. Wer schnell bestellt, wird (hoffentlich) schnell beliefert. Ihr Vorteil: Faxformulare auf Normalpapier sind im PC schnell gestaltet und lassen sich auch auf der Rückseite Ihres Briefes aufbringen.

Geben Sie mindestens Ihre Telefon- und Faxnummer sowie Ihre Internet-Adresse an.

3. **Telefon-Response**: Spontan und der schnellste Weg zur Reaktion. Ein Muss (wenn nicht im Kleinunternehmen logistische Gründe dagegensprechen).
4. **E-Mail-Response** – der Vorteil für den Reagierer: unmittelbar wie das Telefon, schriftlich wie die Antwortkarte und gleichzeitig für die eigenen Unterlagen dokumentiert.
5. Der Verweis aufs **Internet**: Auch er gehört in Ihr Verkaufsmailing als gigantische Möglichkeit, den Verkauf und sonstige Werbeaktionen zu unterstützen und weitere Informationen zu hinterlegen.

Ganz wichtig: Kontrollieren Sie so gut es geht, wo Ihr Response herkommt. Denn nur dann lässt sich eine Werbeaktion objektiv bewerten. Im Idealfall schafft man die Kontrolle durch eine Aktionsnummer auf dem Antwortelement und durch die freundliche Frage am Telefon „Wie sind Sie denn auf uns gekommen?“ oder durch Gutscheine, die der Aktion beigegeben wurden. Achten Sie auf Internet und E-Mail-Frequenz. Steigt sie, wenn Ihre Aktion läuft? Gibt es ein Muster, das Sie nach mehreren Aktionen einschätzen lässt, was pro Werbeaktion auf diesen Wegen zu erwarten ist?

Kontrolle optimiert Ihre Werbeaktion.

Praxistipp: So kriegen Sie mehr Response!

Letztendlich dreht sich dann doch alles um eine Zahl. Wie viele Verkäufe, Anmeldungen, Besuche, Testanforderungen hat die Aktion gebracht? Sie können bereits im Vorfeld einiges tun, um Ihre Adressaten zur schnellen Reaktion aufzufordern. Hier sind ganz praktische Maßnahmen, um den „Response-Turbo“ einzuschalten:

Ihre Checkliste für mehr Response.

- Formulieren Sie eine klare Aufforderung zur Reaktion. Sagen Sie Ihrem Leser genau, was zu tun ist.

- Ihr Response-Element ist so weit wie möglich vorbereitet und mit so wenig Aufwand wie nötig zu bearbeiten. Je weniger Ihr Adressat ausfüllen muss, umso besser. Im Idealfall personalisieren Sie das Antwortfax bereits vor.

- Hüten Sie sich vor allzu langen Antwortformularen. Sie müssen bei der ersten Antwort eines Wunschkunden (noch) nicht alles wissen. Beim ersten Kontakt brauchen Sie nur die Antwort und gegebenenfalls die Genehmigung für weitere Kontakte (zum Beispiel wenn es um E-Mail-Marketing geht).

- Planen Sie den Trend zur schnellen Reaktion mit ein. Ihre Telefonnummer, Ihre Internetadresse und die

Ihre Notizen:

....

....

E-Mail-Adresse sind ein Muss.

- Richten Sie für Internet-Reagierer eine Landing-Page ein. Darunter versteht man eine eigene Unterseite (nicht die Homepage), die auf Ihren Werbebrief abgestimmt ist. Sie holt den Leser dort ab, wo er nach dem Lesen Ihres Briefes steht, und präsentiert sofort die gewünschte und erwartete Vorteilsinformation.

- Setzen Sie ein Zeitlimit!

- Setzen Sie eine sonstige Limitierung!

- Belohnen Sie die schnellsten Antworten! Dazu eignen sich kleine Geschenke, Gutscheine oder besondere Konditionen (zum Beispiel Frühbucher-Rabatte).

Verstärken Sie Ihren Response durch kleine Gratisangebote!

Machen Sie allen Reagierern ein Gratisangebot. Eine Checkliste, eine kleine Broschüre, ein E-Book per PDF-Datei. Dieser Response-Turbo bringt viele Kontakte. Allerdings motiviert er – je nach Geschenk – auch viele Jäger und Sammler von Gratisgeschenken.

! Zusammenfassung von Kapitel 2

In Kapitel 2 hat ein kleiner Ausflug in die Geschichte gezeigt, warum Briefe auch heute noch die persönlichste Art der Kontaktaufnahme sind. Außerdem haben Sie die häufigsten Ursachen erfolgloser Briefe kennengelernt. Schauen Sie sich diese sieben Erfolgskiller noch einmal genau an und stellen Sie sicher, dass sich keiner in Ihren Briefen findet. Mit noch mehr Optimierungsansätzen geht es in Kapitel 3 weiter. Hier lesen Sie alles über die optische Gestaltung Ihres Briefes.

Kapitel 3

Was Sie über das Lesen von Werbebriefen wissen sollten ...

Dieses Kapitel verrät ...

... was Briefe bereits vor dem Lesen allein durch ihre Optik bewirken,

... wie sich die Informationsaufnahme schon mit den ersten Blicken steuern lässt,

... was „Blickführung“ bedeutet.

Struktur: Ein Brief muss wirken wie ein Brief

Geben Sie Ihrem Brief eine klare Struktur: Im Brief erwartet der Leser noch immer einen Briefkopf, das genaue Datum, eine persönliche Unterschrift und (nicht mehr unbedingt) ein PS.

Kurz und fesselnd: So soll der erste Absatz sein.

Achten Sie auf die Länge Ihrer Absätze. Kurze Absätze von durchschnittlich drei, maximal sieben Zeilen signalisieren: Hier steht eine vollständige, leicht aufzunehmende Information. Denn unser Gehirn sucht stets den mühelosesten Weg, um Informationen auszuwerten. Deshalb sollte Ihr erster Absatz auch kürzer sein als die folgenden. Der Lesevorgang beginnt oft dort, wo am wenigsten Aufwand gefordert ist.

Mehr zum PS lesen Sie auf Seite 103.

Übrigens ist deshalb – falls Ihr Brief ein PS aufweist – das PS oft der erste gelesene Briefabsatz. Nutzen Sie es als Führungselement! Platzieren Sie hier eine kurze Zusammenfassung, fordern Sie nochmals zur Reaktion auf oder loben Sie einen Zusatzvorteil aus.

Briefe sind linksbündig.

Ist Ihr Brief linksbündig? Das sollte er sein. Denn Briefe brauchen den so genannten Flattersatz. Blocksatz ist Buchsatz und für den Brief nicht geeignet.

Streichen Sie nutzlose Informationen aus Ihrem Briefkopf!

Halten Sie Ihren Briefkopf von unnötigen Angaben frei. Wichtig im Werbebrief ist nur, was der Leser versteht. Kürzel wie „Ihr Zeichen/Unser Zeichen“ mit nutzlosen Buchstabenkombinationen wie „sg/cb“ oder Hinweise wie „Vorgangs-Nr. 3355A65“ verwirren und sind wenig brauchbare Informationen im Verkaufsgespräch. Viel zu groß ist das Risiko, dass diese Informationen kostbare Augenhaltepunkte von Ihrem Angebot abziehen.

Noch mehr als diese Einzelaspekte prägt uns jedoch, was wir in den ersten 2 Sekunden wahrnehmen.

Praxistipp: Werbebrief – Korrespondenzbrief

Im Werbebrief sind sie unerwünscht, in der Korrespondenz oft nötige Ordnungskriterien: die kleinen Text- und Zahlenkombinationen im Briefkopf. Da steht Vorgangs-Nr. 3765d, Ihr Zeichen/Unser Zeichen CB/SG, Kd.-Nr. 884545D-4428, und, und, und.

Nun brauchen wir im Werbebrief Vorteile, die uns ins Auge fallen, statt komplizierter Zahlenreihen. Entscheidet doch hier die erste Begegnung mit dem Brief über Lesen oder Wegwerfen, wie Sie gleich noch im Detail erfahren werden. In der Korrespondenz geht es beim ersten Kontakt selten um Lesen oder Wegwerfen. Korrespondenz ist zielgerichtet – eine Antwort auf eine Anfrage des Kunden. Deshalb können Sie hier von einem hohen Leseinteresse ausgehen, das Ordnungskriterien wie Vorgangs-Nr. XY durchaus verkraften kann.

Wichtiger Unterschied zwischen Werbe- und Korrespondenzbrief: der Briefkopf.

Alle Vorteile in zwei Sekunden ...

Augenhaltepunkt oder Fixationen nennt man die kurzen Stopps der Augen beim Überfliegen einer Seite. Ein Augenhaltepunkt entspricht dem jeweiligen Schärfebereich des Auges, der einen Durchmesser von etwa drei Zentimetern hat. Dies gilt für einen normalen Leseabstand von circa 30 Zentimetern. In diesem Schärfebereich erkennen wir noch Farbe und Struktur. Augenhaltepunkte dauern unterschiedlich lange. So zeigen Blickmessungen eine Spanne von zwei Zehntel- bis fünf Zehntelsekunden pro Haltepunkt. **„Überfliegen“** wir eine Briefseite, hält das Auge etwa zehnmal an. Beim **Lesen** beeinflussen der Schwierigkeitsgrad eines Textes und die Leseerfahrung die Länge und Häufigkeit der Haltepunkte. Je leichter der Text und je geübter der Leser, desto seltener und kürzer sind die Fixationen.

Die kurzen Stopps der Augen beim Scannen einer Seite heißen Augenhaltepunkte.

Auch die angenommenen zehn Haltepunkte beim „Überfliegen“ sind eine sehr optimistische Betrachtung.

Ein bis zwei Sekunden entscheiden über Lesen oder Wegwerfen.

Zehn Augenhaltepunkte sind ein Maximum. Nur sehr wenige Briefe erreichen eine Betrachtungszeit von zwei Sekunden (= 10 Haltepunkte à 2 Zehntelsekunden). Oft ist nach drei bis vier kurzen Stopps für das Auge „alles vorbei". Trotzdem rate ich Ihnen, zehn Haltepunkte zu planen und diese Schnellstraßen für das Auge vorzusehen.

Maximal zehnmal hält das Auge also bei der ersten Betrachtung eines A4-Briefes an. Vermitteln die Haltepunkte den Augen Vorteile, machen sie den Leser neugierig oder knüpfen sie zumindest an bekannte Dinge an? Jetzt fällt eine Entscheidung. Sagt der Leser „ja" zu den bislang entdeckten Inhalten, beginnt der Lesevorgang.

Die folgende Skizze zeigt einen typischen Blickverlauf beim Betrachten eines A4-Briefes. Entlang der Augenhaltepunkte sollten Ihre Vorteile platziert sein. Die folgende Checkliste zeigt die „Ja-Straße", die im Kopf des Lesers entstehen soll.

Der typische Blickverlauf beim Lesen eines Briefes.

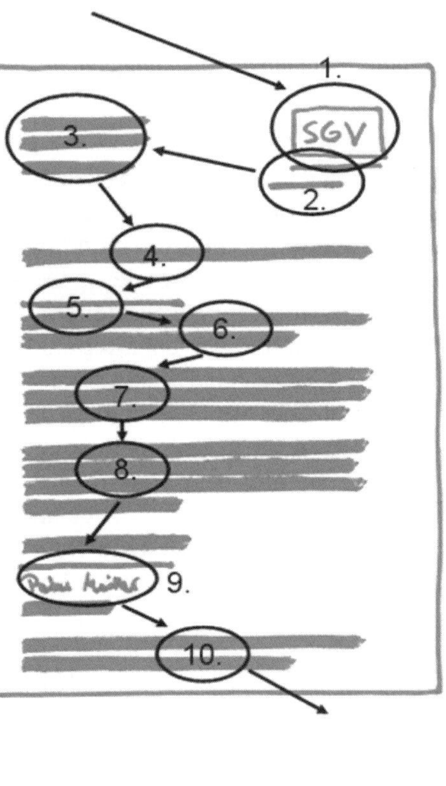

Kontrollieren Sie: Wie sieht der Blickverlauf in Ihrem Brief aus?

1. - 3. Logo / Datum / Name: Beim Einstieg in den Brief ist das dominante Bildelement in der Regel das Firmensignet. Und Bilder werden immer zuerst angesehen. Wirkt Ihr Logo nicht wie ein Bild oder ist es sehr klein, wäre das dominante Bildelement der Name des Empfängers. Denn den hat er wie ein Bild gespeichert. Eine weitere Fixation ist das Datum, ein allein stehender und deshalb auffälliger Text.

Wichtig: Briefe werden an konkreten Tagen verschickt.

- Ist das Firmensignet bekannt oder sind gute Erfahrungen damit verbunden, führt das schon zu einem Ja im Kopf des Lesers. → *ja*
- Ist der Name des Empfängers richtig? → *ja*
- Konkretes Datum? → *ja*

Erzeugen Sie bei jedem Augenhaltepunkt ein „Ja“ im Kopf des Lesers!

4. Die Headline: Je nach Länge finden sich hier eventuell zwei und mehr Augenhaltepunkte.

- Vorteil für den Leser oder Vorteilswörter wie „neu“, „gratis“, „Erfolg“? → *ja*

5. Die Anrede: Hier steht nochmals der Name.

- Ist die Anrede korrekt? Herr, Frau, Titel berücksichtigt? → *ja*
- Haben Sie Irritationen durch die Anredefloskel ausgeschlossen (fatal: Hallo Herr Müller)? → *ja*

Ihre Notizen:

....

....

6. - 8. Fettdruck / Unterstreichung: Unser Brief hat drei Absätze. In jedem Absatz führt man durch Fettdruck oder Unterstreichungen den Blick des Betrachters zu den Vorteilen des Angebots.

- Vorteile für den Leser erkennbar? → *ja*

9. Die Unterschrift: Achten Sie darauf, leserlich zu schreiben, und setzen Sie nochmals Ihren Vor- und Zunamen zur Unterschrift. Eine Funktionsangabe wie „Produktionsleiter“ oder „Leiter Einkauf“ sollte dem Leser immer ein klares Bild Ihrer Tätigkeit vermitteln.

- Leserliche Unterschrift? → *ja*
- Ist die Funktionsangabe verständlich oder wertet sie den Leser auf (zum Beispiel durch die Unterschrift des

Geschäftsführers, Direktors, Vorstands)? →*ja*

10. Das PS: Möglicherweise springt unser Auge nochmals ein oder zwei markante Wörter an und verlässt rechts unten den Brief.

- Vorteil im PS? →*ja*

! Zusammenfassung

Selbstverständlich ist dieses Kurzprotokoll eines Blickverlaufes stark verallgemeinert. Wichtig ist jedoch: Die ganze Struktur des Briefes sollte zur Betrachtung einladen. Und die kleinen Zustimmungen, das mehrmalige→ *ja* auf dem Weg zum Lesevorgang und damit zur Bestellung müssen überwiegen.

Hat ein Leser nun genügend Vorteile entdeckt, ist er neugierig geworden, hat er an den richtigen Stellen immer wieder „zugestimmt" (→ *ja*), dann hat Ihr Brief große Chancen, auch gelesen zu werden.

Was passiert, wenn Sie nichts tun? Denn ohne Blickführung geht´s nicht

Nutzen Sie eine optimierte Blickführung als Erfolgsfaktor!

Was kann ich nun mit diesem Wissen um die Lesekurve anfangen, fragen Sie? Ganz einfach: Hier liegt ein entscheidender Erfolgsfaktor für Ihren Werbebrief – und den bauen Sie Schritt für Schritt und ganz professionell auf. Übrigens geschieht dieses erste Scannen eines Briefes immer. Beim Werbebrief entscheiden die Informationen, die hier aufgenommen werden, oft über Erfolg oder Misserfolg. In der Korrespondenz über Sympathie oder Ablehnung, wenn der Lesevorgang beginnt. Der Grund: Die Antwort auf ein angefordertes Angebot werden Sie wohl lesen – bei Korrespondenz kann also von einem höheren Leserinteresse ausgegangen werden. Nur die Art und Weise, wie Sie lesen, wird nun beeinflusst. Doch wer Angebote macht hat großes Interesse, dass diese mit Sympathie gelesen werden.

Im Werbebrief entscheidet der Blickverlauf oft über Lesen oder Nichtlesen. In der Korrespondenz über Sympathie oder Antipathie beim Lesen.

Was Sie schon wissen: In unserem westlichen Kulturkreis wird von links nach rechts und von oben nach unten gelesen. Unser Auge hat die Tendenz, eine Seite von links oben nach rechts unten zu überfliegen. Immer!

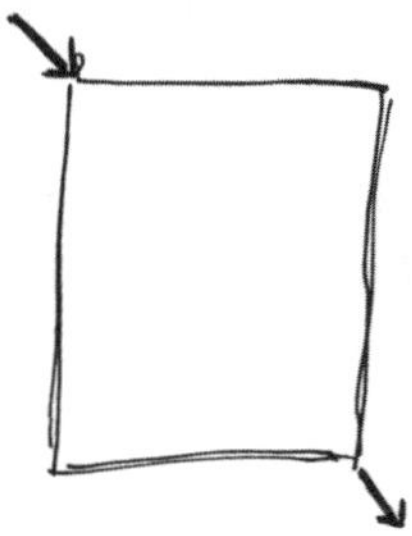

Auch wenn Sie nichts tun, gibt es also ein erstes Scannen vor dem Lesevorgang. Schade, wenn Sie nun Blickverläufe nicht optimieren. Denn im schlimmsten Fall kommt in diesen ersten wichtigen 2 Sekunden nur Unsinn bei Ihrem Wunschkunden an.

Bringen Sie das Auge des Lesers auf die richtige Spur.

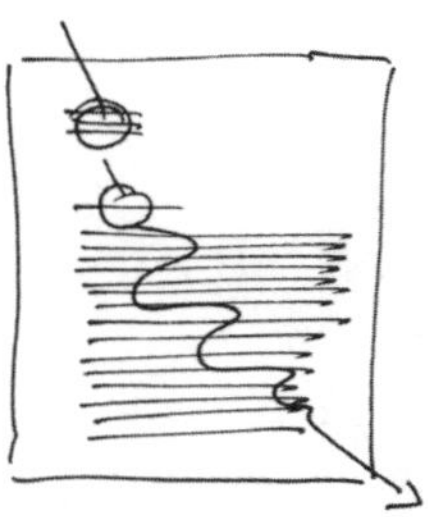

Was er zuerst bemerkt? Ungesteuert: wahrscheinlich GROSSBUCHSTABEN, Zahlen wie 1234, grafisch dominante Zeichen, zum Beispiel ♥🌍, Satzzeichen wie (( )) und alleinstehende Begriffe. Und fragen Sie sich selbst: Animiert eine Botschaft, die heißt „MÜLLER, ♥🌍, 1234, ((“, zum Weiterlesen?

Und weiterhin ganz wichtig: Zehn Haltepunkte pro A4-Seite sind ein Maximum.
Doch bei einem ungesteuerten Blickverlauf erreichen wir in den seltensten Fällen die Anzahl 10. Zu oft endet die Beschäftigung mit dem Brief schon nach den ersten enttäuschenden Augen-Blicken.

Beschränken Sie sich auf zehn Haltepunkte pro Seite.

Ihre Notizen:

....

....

Ganz anders, wenn Sie den Blickverlauf planen. Heben Sie die wichtigsten Punkte in Ihrem Text hervor. Per Unterstreichung oder Fettdruck. Wichtig: Ihre Hervorhebung ist nicht länger als 4 cm. Hat sie doch den Zweck, das Auge an einer Stelle zu fokussieren. Ist die Hervorhebung zu lang, geschieht genau dies nicht. Die Inhalte, die wir hier erkennen, sollen sich ergänzen. So entsteht – noch vor dem Lesevorgang – eine Informationskette oder Parallelbotschaft und die beeinflusst als „erste Spur" die weitere Wahrnehmung.

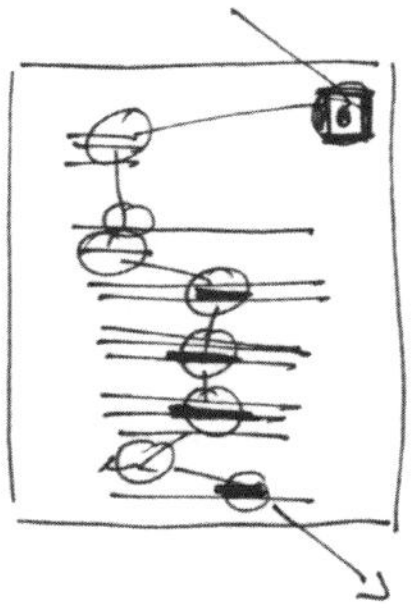

Erzeugen Sie eine Parallelbotschaft!

Praxistipp: Schwierige Inhalte ganz leicht!

Die richtige Parallelbotschaft ist dann ganz besonders wichtig, wenn es um schwierige Inhalte geht. Sie gibt Ihnen die Möglichkeit, schon vor dem Lesevorgang auf die Aufnahme Ihrer Botschaft einzuwirken.

Augen nach links

Vorsicht mit Bildern: Sie ziehen das Auge des Lesers an.

Bilder im Werbebrief – ein wichtiges Thema auch in meinen Texterseminaren. Doch die Platzierung von Bildern sollten Sie mit größter Vorsicht vornehmen. Zunächst einmal ist bereits Ihr Briefformular ein Bild. Ist der rechte Rand farblich stärker als der linke, lenkt bereits das Formular vom Text ab. Das Auge des Betrachters wird unweigerlich nach rechts gezogen. Doch dort ist das Zeilenende und der „Ausgang" des Briefs. Umgekehrt verstärkt ein farbiger Rand auf der linken Seite den Zeilenanfang.

Ähnliches kann passieren, wenn Sie Bilder an der falschen Stelle im Werbebrief platzieren. Zum Beispiel rechts neben der Unterschrift. Denn dadurch wird die rechte untere Ecke betont – und hier verlässt das Auge den Brief. Da nun Bilder stärker sind als Text, kann es sein, dass Ihr Wunschkunde in der ersten, schnellen Begegnung nur Firmenlogo – Name – Bild rechts unten wahrnimmt.

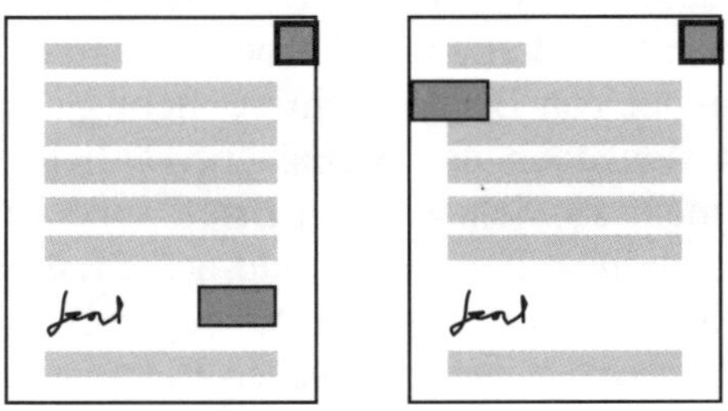

Platzieren Sie Bilder am besten links oben. So ist der Blickverlauf nicht gestört.

Schaffen Sie also auch hier ein Gegengewicht, um den Blick des Betrachters links oben zu halten, oder setzen Sie Bilder gleich in das obere Drittel Ihres Briefes, bevorzugt auf die linke Seite.
Wer Bilder doch nach rechts unten setzt, sollte genau darauf achten, was er hier abbildet.

Denn die große Ausnahme von der Regel: Bilder können rechts unten platziert werden, wenn das Bild selbst so

Steht ein Bild rechts unten, muss es in den Lesevorgang hineinführen.

stark ist, dass der Adressat davon in den Lesevorgang katapultiert wird. Typisch ist das für Abowerbung: Denn rechts unten findet sich eine Abbildung des hochwertigen Geschenks. Dadurch beginnt der Einstieg in den Lesevorgang zum Beispiel über die Frage: „Wie bekomme ich diese besondere Uhr?“

Streichen Sie reine Schmuckbilder aus Ihrem Brief!

Hüten Sie sich also vor der Platzierung von reinen Schmuckbildern am unteren Rand. Tannenzweige oder Osterhasen ohne zusätzlichen Vorteil, der wieder in den Text hineinzieht, sorgen dafür, dass die erste Betrachtung Ihres Briefes schnell zu Ende ist.

Layout im Brief. Geht da noch mehr?

Halten Sie das Gewicht auf der linken Seite!

Auch hier ein klares Ja. Mehr und mehr verändern Unternehmen brave Standard-Briefpapiere zu grafisch ansprechenden Papieren mit zusätzlichen Werbebotschaften. Allerdings will das Layout von Briefen sehr vorsichtig angepackt sein. Verliert sich doch das Signal „persönlich“, wenn der Brief nicht mehr aussieht wie ein Brief, sondern wie ein Prospekt. Zusätzlich sollten Sie darauf achten, das Gewicht auf der linken Seite zu belassen. Dort beginnt das Lesen. Wer also mit Farbbalken oder grafischen Elementen arbeitet: Sie gehören nach links. Auch Post-its und Bilder mit zusätzlichen Werbebotschaften im Briefkopf sind heute denkbar.

Die folgenden Bilder zeigen drei spannende Beispiele:

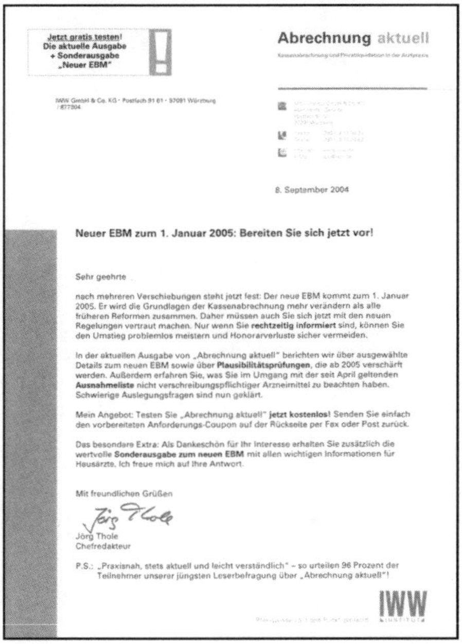

Jetzt gratis testen!
Die aktuelle Ausgabe
+ Sonderausgabe
„Neuer EBM"

Abrechnung aktuell

IWW GmbH & Co. KG · Postfach 91 61 · 97091 Würzburg

8. September 2004

Neuer EBM zum 1. Januar 2005: Bereiten Sie sich jetzt vor!

Sehr geehrte

nach mehreren Verschiebungen steht jetzt fest: Der neue EBM kommt zum 1. Januar 2005. Er wird die Grundlagen der Kassenabrechnung mehr verändern als alle früheren Reformen zusammen. Daher müssen auch Sie sich jetzt mit den neuen Regelungen vertraut machen. Nur wenn Sie **rechtzeitig informiert** sind, können Sie den Umstieg problemlos meistern und Honorarverluste sicher vermeiden.

In der aktuellen Ausgabe von „Abrechnung aktuell" berichten wir über ausgewählte Details zum neuen EBM sowie über **Plausibilitätsprüfungen**, die ab 2005 verschärft werden. Außerdem erfahren Sie, was Sie im Umgang mit der seit April geltenden **Ausnahmeliste** nicht verschreibungspflichtiger Arzneimittel zu beachten haben. Schwierige Auslegungsfragen sind nun geklärt.

Mein Angebot: Testen Sie „Abrechnung aktuell" **jetzt kostenlos!** Senden Sie einfach den vorbereiteten Anforderungs-Coupon auf der Rückseite per Fax oder Post zurück.

Das besondere Extra: Als Dankeschön für Ihr Interesse erhalten Sie zusätzlich die wertvolle **Sonderausgabe zum neuen EBM** mit allen wichtigen Informationen für Hausärzte. Ich freue mich auf Ihre Antwort.

Mit freundlichen Grüßen

Jörg Thole
Chefredakteur

P.S.: „Praxisnah, stets aktuell und leicht verständlich" – so urteilen 96 Prozent der Teilnehmer unserer jüngsten Leserbefragung über „Abrechnung aktuell"!

IWW

Der Balken hält das Auge links – Hauptaugenmerk bleibt der Text und das Auge wird nicht an den rechten Rand gezogen.

wrs|verlag

Planegg/München, 13.02.2006

Sicher vorbereitet auf Ihre nächsten Eigentümerversammlungen!

Sehr geehrter

jetzt ist wieder „Saison": die nächsten **Eigentümerversammlungen** stehen vor der Tür. Dazu müssen dringend Beschlüsse gefasst werden – z.B. über Sanierungen, Wirtschaftsplan und die Jahresabrechnung.

Wie bereiten Sie sich vor? Wie stellen Sie die Beschlussfähigkeit sicher? Und wie wahren Sie Ihre eigenen Interessen und sichern sich selbst in Haftungsfragen ab?

Das aktuelle Praxishandbuch **„Wohnungseigentum verwalten"** steht Ihnen mit **über 50 in der Praxis bewährten Musterbeschlüssen** kompetent zur Seite. Darüber hinaus unterstützen Sie handfeste Tipps & Beispiele, komfortable Rechner und praktische Arbeitshilfen bei Ihren Verwalteraufgaben:

- Sie greifen schnell zu auf **kompaktes Fachwissen**, z.B. zur Kostenverteilung oder dem kommenden Energiepass.
- Sie profitieren von **Praxisbeispielen** und **rechtssicher vorformulierten Musterverträgen** und -schreiben, z.B. zur Jahresabrechnung.
- Sie übernehmen und bearbeiten Dokumente schnell und **direkt von der CD-ROM** auf Ihren PC. Einfach aufrufen – anpassen – ausdrucken – fertig.

Testen Sie jetzt das Praxishandbuch „Wohnungseigentum verwalten". Und Sie werden sehen: bei den Eigentümerversammlungen kann Sie nichts mehr aus dem Konzept bringen!

Mit freundlichen Grüßen

Nicole Dürst
Redaktionsleitung Immobilien

Ihr Praxis-Tipp: Gibt es bei Ihnen leer stehende Eigentumswohnungen im Bestand? Dann bereiten Sie sich gleich auf die Frage vor, wer für angefallene Kosten aufkommt. Im Praxishandbuch finden Sie erprobte Vorschläge für faire Lösungen.

Auch möglich: Das Produkt ist links oben abgebildet. Als Gegengewicht fungiert der Störer rechts unten.

Auch ein aufgedrucktes Post-it im Briefkopf kann auf den Hauptvorteil aufmerksam machen.

3 Ausgaben mit 50 % Preisvorteil + Exklusiv-Report „HOAI-Spezial" – gratis!

WIA
Wirtschaftsdienst Ingenieure & Architekten

IWW-Institut • Postfach 91 61 • 97091 Würzburg
E48131 / 712003

29. Januar 2003

Wie Sie jetzt neue Aufträge akquirieren und optimal abrechnen – Praxisbewährte Tipps zur Ertragssicherung in schwierigen Zeiten!

Sehr geehrte

ausgetretene Pfade verlassen, innovative Wege gehen, neue Informationsquellen erschließen: nur so können Sie Ihre Auftragslage spürbar verbessern und Ihre Erträge langfristig sichern!

Der „Wirtschaftsdienst Ingenieure & Architekten" unterstützt Sie jetzt bei den erfolgsentscheidenden Herausforderungen. Sie erfahren in der aktuellen Ausgabe,

- wo Sie ansetzen können, um sich bei potenziellen Auftraggebern nachhaltig ins Gespräch zu bringen,
- wie Sie an Informationen über aktuelle und künftige Bauvorhaben (private und öffentliche Ausschreibungen unterhalb der Schwellenwerte) kommen und
- wie Sie diesen Informationsvorsprung konsequent nutzen!

Neben der erfolgreichen Akquisition ist die vollständige und leistungsgerechte Honorar-Abrechnung die zweite Ertrags-Säule Ihres Büros. Auch sie wird durch den „Wirtschaftsdienst Ingenieure & Architekten" erheblich gestärkt. Unsere HOAI-Autoren sind selbstständige Architekten und Ingenieure, die zusätzlich als öffentlich bestellte und vereidigte Honorar-Sachverständige tätig sind. Ihr Vorteil: Sie erhalten aus erster Hand konkrete Berechnungsbeispiele und Formulierungsvorschläge für wirksame Vertragsklauseln zur Honorardurchsetzung. Kompetent recherchierte Informationen zu wichtigen Gesetzesänderungen und die aktuelle Rechtsprechung runden die monatliche Berichterstattung ab!

Testen Sie die nächsten drei Ausgaben des „Wirtschaftsdienst Ingenieure & Architekten" zu Vorzugskonditionen – Sie sparen 50 Prozent! Dazu erhalten Sie kostenlos den Exklusiv-Report „HOAI spezial – So schöpfen Sie die Honorarspielräume der HOAI konsequent aus". Ich freue mich auf Ihre Antwort!

Mit freundlichen Grüßen

Norbert Rettner
Chefredakteur

PS: Sichern Sie sich die nächsten drei Ausgaben sowie ein Gratis-Exemplar des Exklusiv-Reports „HOAI spezial" und senden Sie Ihre Anforderung am besten noch heute zurück!

IWW

! Zusammenfassung von Kapitel 3

Ohne Blickführung geht es nicht. Schon beim ersten Anblick Ihres Briefes lenken Sie mit den einfachen Tipps dieses Buches das Auge des Lesers gezielt zu den wichtigsten Inhalten.

Quellen: IWW-Institut und wrs-Verlag.

Kapitel 4

Gutes Schreiben: Die Kunst den Leser einzufangen

Dieses Kapitel verrät ...

... in zwölf klaren Regeln, wie Ihr verkaufsstarker Text ganz einfach entsteht,

... in wie weit Sie sich in Ihren Briefen an die DIN-Norm halten sollten,

... wie Sie selbst schwierige Anreden und Anschriften meistern.

Arbeiten Sie gleich mit und setzen Sie die folgenden Tipps direkt am eigenen Text um.

Wort für Wort: Wie verkaufsstarkes Texten geht …

Jetzt geht es los. Ihr Ziel: Drei bis vier Absätze Text, die so stark sind, dass Ihr Leser einfach bis zum Ende lesen muss. Fesselnd, klar und aktivierend sollen sie sein. Vorteile vermitteln und gekonnt zur Reaktion führen. Wie das mit wohlgesetzten Worten gelingt, zeigt das folgende Kapitel.

Schritt 1: Briefe schreiben heißt spannend „erzählen"

Orientieren Sie sich auch im Brief an der gesprochenen Sprache!

Hüten Sie sich vor dem Korrespondenz-Stil. Viele Menschen können komplizierte Zusammenhänge mündlich wunderbar erklären. Sobald sie aber schreiben, rastet sofort die umständliche Art, „gut" zu formulieren, ein. Eine wichtige Hilfe: Orientieren Sie sich an gesprochener Sprache! Werden Sie zum Erzähler und stellen Sie sich einen konkreten Gesprächspartner vor. Den nehmen Sie schon mit dem ersten Satz an die Hand. Denn mit der Headline machen Sie Ihren Leser gespannt: durch einen verblüffenden Gedanken, der zum Weiterlesen motiviert, oder noch einfacher: durch den wichtigsten Vorteil.

Schritt 2: Keine Panik – erst kommt der Rohtext

Der Rohtext muss nicht perfekt sein.

Wer kann schon aus dem Stand druckreif schreiben? Das können nur sehr wenige Menschen. Denn Texten ist ein Prozess. Und der geht vom Rohtext zum Reintext. Zielen Sie auf den Rohtext. Denn der ist nicht perfekt, sondern ausführlicher, breiter und noch nicht ausgefeilt. Er bildet das Rohmaterial, das Sie mit den folgenden Schritten bearbeiten. Die Regel heißt: Erst der Inhalt, dann die Form!

Schritt 3: Sie brauchen Absätze und Hervorhebungen

Kontrollieren Sie die Länge Ihres ersten Absatzes!

Machen Sie Absätze! Und machen Sie Ihre Absätze kurz! Absatz Nr. 1 ist kürzer als die folgenden zwei oder drei Absätze (bei einseitigen Briefen). Ein zu langer erster Absatz ist wie ein großes Hindernis am Leseanfang. Daumenregel für die Absatzlänge: 3-7 Zeilen. Und denken Sie daran, den wichtigsten Vorteil pro Absatz durch Fettdruck hervorzuheben.

Schritt 4: Die richtige Satzlänge ist 14+

Überprüfen Sie: Wie lang sind Ihre Sätze?

Steht Ihr Textentwurf, sollten Sie ihn kritisch überarbeiten und kürzen. Kurze, klare, einfache Subjekt-Prädikat-Objekt-Sätze sind am schnellsten auswertbar. Ihre Sätze sollten ca. 14 bis 20 Wörter lang sein. Weniger ist mehr! Meiden Sie Schachtelsätze und zu viele Nebensätze. Ihr Leser braucht das Signal: Dieser Text ist einfach auszuwerten. Deshalb: nur ein Gedanke pro Satz.

Schritt 5: Die richtige Wortlänge

Kurze Wörter wertet der Leser schneller aus.

Am schnellsten versteht man zweisilbige Wörter. Deshalb finden sich diese auch vorwiegend in der Headline. Und: Kurze Vorteilswörter erkennen wir wie ein Bild. Entfernen Sie also alle Wortmonster aus Ihren Texten.

Viele umständliche Begriffe wurden uns durch den so genannten Korrespondenz-Stil eingepaukt: Schreiben Sie lieber „liefern“ statt „Lieferung vornehmen“, machen Sie den „telefonischen Anruf“ zum bloßen „Anruf“ und streichen Sie überflüssige Vorsilben wie das „über“ in „übersenden“. Vorsicht bei Wörtern, die 5 Silben überschreiten. Denn ca. 5-6 Silben können wir bei einer 12pt-Schrift im Brief noch mühelos erfassen.

Schritt 6: Die richtige Wortwahl

Schreiben Sie aktiv und bildhaft!

Am einprägsamsten sind Texte, die uns helfen, die Bildspeicher in unserem Gehirn anzuzapfen. Erinnern Sie sich noch an den Slogan „Lesen ist Fernsehen im Kopf“? Wenn Ihr Text es schafft, Ihr Produkt wie im Film vor dem Auge des Lesers zu präsentieren, haben Sie ein Meisterstück vollbracht.
Schreiben Sie aktiv (Tatform) und setzen Sie bildhafte Verben ein. Allein für das Wörtchen „gehen“ kennen wir zahlreiche Synonyme, die helfen, Stimmungen auszudrücken. Erzeugen Sie durch Ihre Sprache Bilder für den Leser: „taumeln, schlendern, stolzieren“ – jedes Verb löst andere Assoziationen aus.

Weg mit den Hilfsverben!

Vermeiden Sie Hilfsverben: „Können, dürfen, möchten, müssen, wollen“ bremsen Ihre Texte. Anstatt „können Sie bestellen“ „bestellen Sie“, anstatt „möchte ich Ihnen schicken“ „schicke ich Ihnen heute“.
Schreiben Sie, was Sie tun, was Sie von Ihrem Kunden wünschen, und blähen Sie Ihre Texte durch Hilfsverben nicht unnötig auf.

Adjektive oder Eigenschaftswörter helfen uns, Dinge genau zu beschreiben. Sehr konkret sind Adjektive, die unsere fünf Sinne ersetzen: „Rot“, „sauer“, „rau“ aktivieren Bilder und Empfindungen. Nötig sind Adjektive bei einer Wertung: sehenswerte Filme, wertvolle Geschenke. Aber beachten Sie: Oft lassen sich Adjektiv + Substantiv durch ein treffenderes Substantiv ersetzen: starker Wind = Sturm, großer Hund = Dogge, großes Schiff = Dampfer, Fähre usw.

Schritt 7: Metaphern und bildhafte Vergleiche

Metaphern erzeugen ein Bild im Kopf des Lesers. Trotzdem nur gezielt und sparsam einsetzen.

Schreiben Sie bildhaft durch den Einsatz von Metaphern. Dieses Wort meint „bildhafte Übertragungen“ wie Wolkenkratzer oder Wüstenschiff. Zwei Wörter werden miteinander verbunden und diese Verbindung schafft eine neue Wortbedeutung. Metaphern und bildhafte Sprache leisten im Werbetext wichtige Aufgaben: Unbekanntes kann so in einen bekannten Rahmen gesetzt werden und eröffnet neue Möglichkeiten für den Text, zum Beispiel wird aus einem neuen Pkw „der neue Stern am Autohimmel“. Ist eine Übertragung erst einmal geschafft, kann Ihr Text „im Bild bleiben“ und dem Leser durch vertrautes Vokabular Unbekanntes näher bringen. Der „Stern“ kann also „leuchten, funkeln, strahlen oder aufgehen“. Aber: Metaphern sind mit Vorsicht zu genießen. Zu viele Metaphern machen Ihren Werbetext zu poetisch. Setzen Sie also Metaphern sparsam, aber treffend ein.

Schritt 8: Fachwörter, Fremdwörter, Abkürzungen und Jargon

Machen Sie sich beim Schreiben von Werbetexten stets bewusst: Ihr Leser muss Sie verstehen, es soll eine Reaktion stattfinden. Deshalb Vorsicht bei allen Fach- und Fremdwörtern. Meiden Sie möglichst den firmeninternen Sprachgebrauch bei der Beschreibung von Produkten. Erklären Sie die Vorteile für den Leser lieber in einfacher, klarer Sprache. Vorsicht auch bei Modewörtern. Sie sind modischen Trends unterworfen, werden nicht von allen Lesern verstanden oder noch schlimmer: werden falsch verstanden. Denken Sie nur einmal an die vielen neuen Begriffe rund um das Internet.

Vorsicht bei Fremd- und Modewörtern! Der Leser muss den Text verstehen.

Bekämpfen Sie auch den „Aküfi" („Abkürzungsfimmel"). Er führt schnell zu Missverständnissen. Auch Abkürzungs-Verzeichnisse helfen nicht weiter, denn Ihr Wunschkunde wird kaum Ihren Brief zur Seite legen, um im beiliegenden Abkürzungsverzeichnis nachzusehen, was Sie ihm denn sagen wollten. Zielpersonen lesen nicht unbedingt gewissenhaft von vorne nach hinten, Werbung ist oft ungeliebter und unbestellter Lesestoff und der muss schnell und „selbsterklärend" sein.

Schritt 9: Bringen Sie eine Sache „auf den Punkt"

Schreiben Sie stets so konkret wie möglich. Leicht, schwer, groß, klein kann alles Mögliche bedeuten. „20 Gramm, zwei Meter lang" sind Angaben, die Ihren Lesern wesentlich mehr verraten. Auch Formulierungen wie „in Kürze", „in wenigen Tagen" ersetzen Sie – wenn möglich – durch konkrete Angaben. „Ihr Angebot in zwei Stunden", „schon am nächsten Tag" ist klipp und klar.
Doch denken Sie daran: Einmal gegebene Versprechen müssen Sie einhalten. Denn ein Kunde, den man schon bei der Lieferung verärgert, ist ein potenzieller Remittent.

Machen Sie konkrete Angaben!

Schritt 10: Schreiben Sie persönlich und beziehen Sie Ihren Text auf den Leser

„Persönlich werden" heißen die Zauberworte für Ihren Werbebrief. Was damit gemeint ist, erleben Sie bei jedem Einkaufsbummel. Wenn Sie selbst ein Kleidungsstück für sich erwerben wollen und der Verkäufer redet nur darüber, wie gut und wie sorgfältig sein Unternehmen ist – dann haben Sie schnell das Gefühl, hier geht es gar nicht um

Kontrollieren Sie: Spricht Ihr Brief den Leser direkt an?

Sie. Natürlich freut Sie, wenn der neue Pullover aus gutem Hause kommt und sorgfältig gefertigt wurde. Noch wichtiger ist aber, dass er an Ihnen gut aussieht. Dass der Verkäufer nicht an Ihnen vorbei, sondern mit Ihnen spricht.

Pronomen geben dem Leser das Gefühl: „Ich bin gemeint."

Deshalb wird Ihr Brief erst durch den richtigen Einsatz von Pronomen persönlich. Nutzen Sie deshalb immer wieder die Wörter „Sie", „Ihnen", „Ihr". Sie sind Stellvertreter der direkten, namentlichen Ansprache. Leider findet man noch immer Werbebriefe, die mit „wir" beginnen. „Wir haben entwickelt", „wir bieten heute", „ist es uns gelungen". Egal, ob Ihr Produkt in zwei oder fünf Jahren entwickelt wurde: Es muss dem Leser Vorteile bieten. Und der muss diese Vorteile sofort in Ihrem Text erkennen und auf seine Welt beziehen. „Sie profitieren von …"

Schritt 11: Geben Sie Referenzen an

Lassen Sie andere für sich sprechen – eine Empfehlung ist der beste Verkäufer!

Referenzen, im Werbedeutsch „Testimonials", erhöhen die Wirksamkeit Ihrer Texte. Im Dialog zwischen Leser und Absender erscheint nun eine dritte Person und unterstützt Ihre Angaben. Sammeln Sie deshalb positive Kundenbriefe, Testberichte oder wohlmeinende Besprechungen Ihrer Angebote in der Presse. Drucken Sie Rezensionen und Expertenmeinungen zu Ihren Produkten ab. Das verstärkt Ihre Argumentation! Schon der Hinweis „Referenzadressen und einen ausführlichen Pressespiegel senden wir Ihnen gern" ist positiv.

Schritt 12: Sagen Sie ganz klar, was Sie wollen

Mit einem „Kauf mich!" sagen Sie dem Leser ganz genau, was er tun soll.

Machen Sie es Ihrem Leser auch am Schluss des Briefes so einfach wie möglich. Fassen Sie für ihn alle Vorteile nochmals zusammen und erklären Sie ihm genau, wie und wo er reagieren soll. Auch Wiederholungen, die für Klarheit sorgen, sind nicht schädlich.
Jetzt wird ihr Text ganz konkret. Und beantwortet eine Frage, die Ihr Leser denkt und die heißt: „Was soll ich tun?" Ihre Antwort (zum Beispiel):

Am besten überzeugen Sie sich selbst. Einfach das Faxformular ausfüllen und

```
abschicken oder - noch einfacher -
gleich die 111111 anrufen. Dann liegt
Ihr erstes Muster gleich morgen auf Ih-
rem Schreibtisch.
```

Die DIN-Norm – ein sicherer Anhaltspunkt

Die DIN gibt erste Standards vor.

Brief-Norm DIN 5008: Vorschlag oder Vorschrift? Wer Briefe schreibt, kommt daran nicht vorbei. Die DIN 5008 zeigt, was das Deutsche Institut für Normung Briefeschreibern mit auf den Weg gibt. Denn hier finden sich die Schreib- und Gestaltungsregeln für offizielle Briefe.

Nun ist die DIN 5008 streng genommen keine Vorschrift. Sie ist ein Vorschlag, der eigentlich einmal entstanden ist, um das Beschreiben eines Schreibmaschinenblatts zu vereinheitlichen. Die DIN ist kein Handbuch für kundenorientiertes Schreiben. Doch eines ist klar: Hier wird ein Grundraster definiert, wie ein Brief auszusehen hat (die Formular-Gestaltung übrigens in der Norm 676) und welche Konventionen er einhalten muss. Deshalb gibt die DIN Rat zur Adressierung, zum Schreiben von Datum, Anrede, Telefonnummern und, und, und.

Die DIN ist eine Voraussetzung, die man (fast immer) einhält. Obendrauf kommen all die Besonderheiten Ihres kundenfreundlichen Inhalts. Hier sind die wichtigsten Punkte der DIN-Norm:

Ihre Notizen:

....

....

Format

Das übliche Briefformat ist DIN A4: 210 x 297 mm.

Briefkopf

Den Briefkopf können Sie individuell gestalten. Sie sollten aber daran denken, dass er ins Gesamtbild passt und leserlich ist.

Ihre Notizen:

....

....

Anschriftenfeld

Hier gilt: Der Abstand der ersten Zeile der Empfängeradresse vom oberen Blattrand beträgt 17 mm, der Abstand der ersten Anschriftzeile (postalische Vermerke) 34 mm. So passt Ihr Brief ins Fensterkuvert.

Zusätze wie „z. H.“ oder „An die Firma“ fallen weg. Der Bestimmungsort wird, wenn möglich, in der Landessprache und das Land in deutscher Sprache geschrieben. Benutzen Sie lateinische Schriftzeichen und arabische Zahlen.

Datum

Bleiben Sie bei der herkömmlichen Schreibweise. Alles andere irritiert den Leser nur.

Briefe tragen ein konkretes Datum. Also nicht „München, im Dezember 2007“. Für die Schreibweise des Datums gibt es folgende Möglichkeiten:

- 12. Juni 2007
- 2007-06-12
- 12.06.2007
- 12.06.07

Besonders kundenfreundlich: der ausgeschriebene Monat. Manchmal auch noch mit dem Ort als „Augsburg, 12. Juni 2007“ oder noch konservativer als „Augsburg, den 12. Juni 2007“.
Hüten Sie sich bei Ihrem Werbebrief vor der internationalen Schreibweise des Datums in beispielsweise dieser Form: 2007-06-12. Sie ist hierzulande nicht üblich und sorgt oft für eine unnötige Irritation – und die sollten Sie in werblicher Post vermeiden.

Betreff / Headline

Mehr zum Thema Headline erfahren Sie ab Seite 61.

In dieser Zeile informieren Sie den Empfänger in Kurzform über Ihr Anliegen. Im Werbebrief sollte hier der stärkste Vorteil stehen. Werbliche Überschriften nennt man „Headline“. Diese „Kopfzeilen“ sollten den Adressaten fesseln, in den Lesevorgang hineinführen.

Hier werden in reiner Korrespondenz auch – falls vorhanden – Aktenzeichen, Referenz- oder Rechnungsnummer angegeben.

Grußformel

Die klassische Grußformel im Brief: „Mit freundlichen Grüßen“ oder gleich „Freundliche Grüße“. Auch im Werbebrief sind Sie damit immer auf der sicheren Seite.

„Mit freundlichen Grüßen“ passt immer.

Kennt man seinen Adressaten, kann auch die Grußformel etwas persönlicher werden: „Herzliche/Viele/Liebe Grüße“ oder gleich eine etwas emotionalere Ansprache: „Mit freundlichen Grüßen aus dem verschneiten Augsburg“ usw.

Unterschrift

Lesbar muss sie sein. Und: Unter der Unterschrift folgt der Name noch einmal in Druckschrift. Immer. Hier macht es die Kombination. Bringt unser Gehirn Unterschrift und Unterzeile zur Deckung, denken wir: „Stimmt!“ und haben so ein kleines Erfolgserlebnis. Ist die Unterschrift unleserlich, kreist der Blick und überprüft mehrmals, ob zwischen Unterzeile und Unterschrift Ähnlichkeiten vorhanden sind. Eine kleine Irritation. Lesbar heißt in diesem Zusammenhang übrigens nicht „Druckbuchstaben“, sondern eine echte Unterschrift, die nur noch etwas mit der Unterzeile zu tun haben muss. Unterschreiben Sie also nicht, wie Ihr Apotheker oder 70 % der deutschen Vorstände mit einem einfachen Kringel oder Strich. Das Lesergehirn will Buchstaben entziffern.

Unterschreiben Sie handschriftlich, aber leserlich: also weder Kringel noch Druckbuchstaben.

Mehr zur Unterschrift erfahren Sie gleich auf der nächsten Seite.

Anlagen

Wenn Sie Ihrem **Korrespondenzbrief** etwas beilegen, wie zum Beispiel Rechnungskopien oder Materiallisten, weisen Sie Ihren Leser mit dem Wort „Anlage“ darauf hin. Sie können – müssen aber nicht – die Anlagen aufzählen.
Im **Werbebrief** verzichten Sie auf die Aufzählung von Anlagen und das Wort „Anlage“. Es sei denn, Sie können dadurch die wichtigsten Vorteile noch einmal präsentieren.

Anreden und Anschriften

Sie werden ebenfalls in der DIN 5008 definiert. Über dieses Thema lesen Sie später mehr. Damit Sie auch bei

Mehr Tipps zu Anreden und Anschriften finden Sie ab Seite 65.

schwierigen Fällen, die über die DIN-Norm hinausgehen, genau wissen, wie man einen Adressaten direkt anspricht.

Die Unterschrift: Ihr persönliches Siegel

Was neben der DIN-Norm noch wichtig ist für die Unterschrift.

Wenn es um die Unterschrift geht, gibt es noch immer viele Unklarheiten. Da herrscht Uneinigkeit über die Frage, ob unterschreiben oder nicht und wenn doch: In welcher Farbe, Größe, Art und Weise muss ein Brief signiert werden? Stellen Sie sich folgende Situation vor: Ein Unternehmen schreibt an seine besten Kunden, und die Frage steht im Raum, ob nicht auf die persönliche Signatur verzichtet werden könnte. Denn die EDV-Abteilung favorisiert die Floskel „Dieser Brief wurde maschinell erstellt und trägt deshalb keine Unterschrift". Das sei technisch einfacher und erfülle doch auch seinen Zweck, oder? Aber wie kommt die Unterschrift beim Leser an?

Warum die Unterschrift so wichtig ist

Das Prinzip der Unterschrift ist seit Jahrtausenden gleich. Schon damals wollte der Verfasser eines Schriftstücks in besonderen Fällen den Leser von seiner Authentizität überzeugen. Man drückte dem Stück Pergament wortwörtlich „seinen Stempel auf" und verlieh ihm durch dieses Kennzeichen Stellvertreter-Qualität: „Ich habe gesprochen!" Daran hat sich bis heute nichts geändert. Nur die Mittel haben sich gewandelt.

Kleiner Ausflug in die Geschichte der Unterschrift

Wer die kleine Geschichtsstunde überspringen will, liest einfach beim Praxistipp auf Seite 57 weiter.

Die frühen Stempel oder Siegel wurden meist aus Ton gebrannt oder aus Knochen geschnitzt. Die Römer verzierten ihre Stempel und Siegel mit kostbaren Materialien, die über den Status des Besitzers Auskunft gaben. Im Mittelalter verliehen Könige oder Kaiser Verträgen damit Gültigkeit.

Das einfache Volk hatte in der Regel mit Siegeln und Stempeln nichts zu tun. Das änderte sich ab dem Zeitalter der Renaissance schlagartig. Mit dem Aufschwung des kulturellen Lebens drückten Menschen wieder mit Stempel oder Siegelring ihren Schriftstücken ihre „Persönlichkeit" auf. Nicht nur Herrscher, sondern auch Kaufleute bestätigten zunächst symbolisch „mit ihrem guten Namen". Der symbolische Charakter änderte sich im Lauf der Jahre in eine zeichentragende Signatur. Mit dem lesenden und schreibenden Bürger hält die Schrift Einzug ins tägliche Leben. Fortan wird nicht mehr mit Stempel oder Siegel unterzeichnet, sondern mit der persönlichen Unterschrift. Mit dem 18. Jahrhundert beginnt der Siegeszug des Privatbriefes. Das Inkrafttreten des Bürgerlichen Gesetzbuches zum 1. Januar 1900 verleiht der persönlichen Unterschrift eine besondere Bedeutung. Ab sofort ist ein persönlich unterschriebenes Dokument eine Urkunde.

Ihre Notizen:

....

....

Auch heute noch gilt: Eine Unterschrift gehört unter jeden Brief. Ausnahmen sind E-Mails und Faxe direkt aus dem PC. Übrigens: Auch ein unterschriebenes Fax ist eine Urkunde und juristisch gleichwertig zum unterschriebenen Brief. Große Ausnahme ist die E-Mail: Die elektronische Post wird erst zur Urkunde, wenn sie eine behördlich zugelassene digitale Signatur trägt. So ersetzen wir heute die Unterschrift wieder durch eine Signatur – die digitale. Wie schon vor ein paar hundert Jahren, als die zeichentragende Signatur den Platz der Unterschrift eingenommen hat.

Auch in der digitalen Welt kommt es auf die Unterschrift an.

Praxistipp Unterschrift

Fehlt die Unterschrift, wirkt das Briefformular schon auf den ersten Blick wenig persönlich. Doch gerade im Verkauf oder bei der Kundenbetreuung per Post wollen wir Bindung und Nähe aufbauen. Daher gilt besonders für Ihren Werbebrief: Am Ende steht eine persönliche Unterschrift.

1. Unterschreiben Sie Ihren Brief mit vollständigem Vor- und Nachnamen. Denn ein „H. Schmidt" kann ein „Helmut Schmidt" oder eine „Herta Schmidt" sein. Sorgen Sie hier für Klarheit.

2. Die gedruckte Wiederholung des Namens unter der

So soll Ihre Unterschrift aussehen...

Ihre Notizen:

....

....

Überprüfen Sie: Wie unterschreiben Sie Ihre Briefe?

Unterschrift ist bei geschäftlichen Schreiben immer zu empfehlen, da viele Unterschriften unleserlich sind. Auch die DIN-Norm rät zur Namenswiederholung. In vielen Unternehmen und Behörden ist dies sogar vorgeschrieben. Schreiben Sie den Vornamen ruhig dazu. Vorteil: Häufige Namen wie „Müller" oder „Maier" können dadurch besser unterschieden werden. Zudem weiß der Antwortende auch, ob er an „Herrn" oder „Frau" schreiben soll.

3. Vermeiden Sie bei der Unterschrift große Schnörkel. Besonders solche, die nicht lesbar sind. Denn das weckt Misstrauen beim Empfänger oder sorgt für unfreiwillige Komik. Nicht jedem Leser imponiert eine ausgeschmückte Unterschrift. Eine lesbare und prägnante Unterschrift macht den besseren Eindruck.

4. Ihre Unterschrift muss lesbar sein. Widmen Sie Ihrem Leser nur einen „Krakelstrich", provozieren Sie ständig die Frage „Was bedeutet dieses Zeichen"? Das Gehirn Ihres Lesers sollte jedoch Unterschrift und den gedruckten Vor- und Nachnamen darunter mühelos und ohne Irritationen zur Deckung bringen. So ist der Leser weniger damit beschäftigt, die unleserlichen Buchstaben zu entziffern, und schenkt seine Aufmerksamkeit eher dem Inhalt Ihres Briefs. Eine leserliche Unterschrift ist also ein kleines Stück „Dienst am Kunden" wovon Ihr Werbebrief profitiert. Übrigens heißt leserlich in diesem Zusammenhang selbstverständlich nicht „Druckbuchstaben", sondern Unterzeile und Unterschrift sollten noch Ähnlichkeiten aufweisen.

5. Der von Hand per Füllfederhalter unterschriebene Privatbrief ist noch immer das Leitbild – auch für werbliche Briefe. Die persönliche Unterschrift in Blau signalisiert hohe Wertigkeit und Bedeutung des Briefinhalts. Und sie setzt sich durch ihre Farbe klar vom gedruckten Inhalt ab. Wenn Sie also persönlich an Ihre zehn Topkunden schreiben, verzichten Sie auf das Eindrucken Ihrer gescannten Unterschrift und unterzeichnen Sie selbst.

6. Berufs- oder Positionsbezeichnungen machen im Werbe- oder Kundenbrief nur Sinn, wenn der Empfänger sie versteht oder davon profitiert. „Leiter Kundenservice" ist klar. „Supervising Key-Account-Manager" setzt voraus, dass ich als Leser mit dieser Bezeichnung etwas anfangen kann „IMA/Consumer" ist ein unternehmensinternes Kürzel, das für Leser wahrscheinlich unklar ist.

Ihre Notizen:

....

....

„Dieser Brief wurde maschinell erstellt ...

... und trägt deshalb keine Unterschrift" gehört also zu den Floskeln, die Sie im Interesse einer guten Kundenkommunikation niemals einsetzen sollten. Denn persönliche Briefe brauchen eine persönliche Unterschrift!

Die persönliche Unterschrift ist ein Muss für Ihren Brief.

i. A., i. V. und ppa. – juristische Pflicht, aber…

Das sagt die Rechtslehre ...

Sie sind Geschäftsführer oder Vorstand einer Personen- oder Kapitalgesellschaft, Einzelkaufmann oder (Mit-) Inhaber eines nicht handelsregisterlich eingetragenen Unternehmens: Dann unterschreiben Sie Briefe nur mit Ihrem Namen ohne weiteren Zusatz. Ihr Vorname kann, muss aber nicht vor dem Nachnamen stehen.

Der Jurist sagt: i. A. muss hin.

Für alle anderen Mitarbeiter gilt: Vor die Unterschrift muss noch ein Zusatz. So fügt der Prokurist ein „ppa." vor seine handschriftliche Signatur, der Handlungsbevollmächtigte ein „i. V." und alle anderen ein „i. A.".
Wer diese Zusätze weglässt, gibt sich – streng juristisch genommen – als Geschäftsinhaber, Geschäftsführer oder Vorstand aus. Die Gefahr, die der Jurist dabei sieht: Wenn der wahre Chef das duldet, wird der Eindruck erweckt: „Der unterschreibende Mitarbeiter ist also unbeschränkt bevollmächtigt."

Das bedeuten die Kürzel ...

Grundsätzlich gilt: Alle Zusätze werden vor die Unterschrift gesetzt. Zusatz und Unterschrift stehen also in einer Zeile.

Der Ranghöhere unterschreibt links.

- **i. A. (im Auftrag):** Der oder die Unterzeichnende hat für den unterschriebenen Brief eine Vollmacht.
- **i. V. (in Vollmacht):** Der oder die Unterzeichnende ist zu mehreren Rechtsgeschäften auf unbeschränkte Zeit berechtigt.
- **ppa. (per procura):** Der oder die Unterzeichnende besitzt Prokura.

In Briefen von Unternehmen unterschreibt der Ranghöhere immer links. Erst dann folgt die Unterschrift eines anderen rechts daneben.

Das steht im Werbebrief ...

Das sagt die praktische Vernunft: weg mit i. A. und Co.

Grundsätzlich gelten auch für den Werbebrief die juristischen Regeln. Theoretisch bräuchten Sie also ein „i. A.“ oder „i. V.“ Aber wissen Sie, wer Ihnen als „i. A. P. Müller“ schreibt? Hier steht also wieder einmal praktische Vernunft neben der juristischen Regel. Da diese Abkürzungen nur verwirren und oft nicht verstanden werden, entscheiden sich die meisten Unternehmen für die direkte Unterschrift ohne die juristischen Kürzel. Denn die „praktische Vernunft“ sagt: Klarer und kundenfreundlicher ist ein „Peter Müller, Leiter Kundenservice“.

Empfehlung

Schreiben Sie Ihre korrekte Funktion unter Ihren Namen!

Lassen Sie Abkürzungen weg. Denn für die werbliche Kommunikation ist davon auszugehen, dass die Geschäftsleitung Kenntnis von solchen Auftritten hat. Nur wenn juristische Gefahren drohen oder wenn man in ein juristisch nicht ganz sicheres Feld hineinschreibt, verwenden Sie der Sicherheit wegen alle Zusätze. Unterschreiben Sie außerdem mit vollständigem Vor- und Nachnamen. Sind Sie nicht der Geschäftsleiter, schreiben Sie einfach Ihre korrekte Funktion darunter. Durch die klare Funktionsbezeichnung „Leiter Kundenservice“ wird ein „Peter Müller“

aller Wahrscheinlichkeit nach nicht als „unbeschränkt bevollmächtigt“ angesehen, zumal sein Arbeitsvertrag oder sonstige interne Vereinbarungen regeln, was Müller darf und was nicht. Dieser Empfehlung folgen viele Unternehmen übrigens nicht nur in Werbebriefen, sondern auch in ihrer Korrespondenz.

Ihre Notizen:

....

....

Headline: die wichtigste Zeile Ihres Werbebriefes

Die Headline als Wegweiser in den Text.

Headlines, zu deutsch „Kopfzeilen“, sind werbliche Überschriften. Im Werbebrief haben Headlines längst die „Betreffzeile“ ersetzt. Wir finden sie nicht nur in Briefen, sondern auch in der Tageszeitung, in Anzeigen, Prospekten und sonstigen Werbemitteln. Headlines sind mehr als bloße Inhaltsangabe und damit auch mehr als das alte Betreff des Briefes: Denn sie führen in den Text oder setzen ein „geistiges Bild“. Dieses Bild soll den Leser motivieren, sich weiter mit einem Angebot zu beschäftigen.

Staunen oder führen: Zwei Headline-Typen aus der Werbung

In der Werbung unterscheiden wir zwei große Werbewege: die klassische Werbung und das Direktmarketing. In der klassischen Werbung geht es um Image und Bekanntheit, geht es darum, eine Einstellung zu Produkt oder Marke aufzubauen oder zu verändern.

Im Direkt- oder Dialogmarketing kommt man sofort zur Sache: Hier soll ein Leser unbedingt sofort auf ein Werbemittel reagieren. Er soll kommen, kaufen, anrufen. Und wenn sich durch herausragende Werbung das Image eines Produktes verbessert, ist das ein freudiger Zusatzeffekt. Das Ziel ist jedoch immer ein „Tun“ des Lesers. Diese Unterschiede drücken sich bereits in den Headlines aus.

Klassische Headlines dürfen oft mutiger sein als ihre Kollegen aus dem Direktmarketing. Denn während Letztere unter allen Umständen die Führung zur Reaktion halten müssen, erlauben klassische „Kopfzeilen“ mehr

Klassische Headlines setzen Statements in den Kopf des Kunden.

Sprachspielereien. Der Leser soll über den Text und das „geistige Bild“ nachdenken, darf ruhig innehalten, denn seine Denkzeit ist Beschäftigung mit Marke, Produkt, Unternehmen. Hier dürfen Kühe lila sein oder Autos laufen und laufen und laufen. Klassische Überschriften präsentieren oft eine vollständige Aussage. Sie sind komplett – und auch ohne den Folgetext verständlich, manchmal auch nur als Text-Bild-Kombination.

Hier wird das Signal zum Weiterlesen ausgelöst.

Direktmarketing-Headlines: Die Informationen, die sie liefern, sind selten vollständig. Ihre Hauptaufgabe: Sie sollen den Leser motivieren, den Rest des Textes zu lesen. Direktmarketing-Konzepte bauen Spannungsbögen auf, wecken über Headlines und Texte Begehrlichkeiten und fordern die Bestellung. Es geht stets um die schnelle Führung in den Lesevorgang. Texten Sie so, dass eine Headline nicht zu langen Überlegungen führt. Sorgen Sie für ein „Weiter-Signal“ im Kopf des Lesers. Bauen Sie eine inhaltliche Brücke zwischen Überschrift und dem folgenden Text.

Nur die richtige Information lässt Ihren Kunden weiterlesen

Animieren Sie mit Schlüsselreizen!

Ob nun staunen oder führen: Ihr Kunde liest, was ihn interessiert und was ihm gefällt. Aber was heißt nun „interessiert“?
Hinter diesem kleinen Wort stecken viele Gründe, warum sich Menschen mit Informationen beschäftigen. Und jeder dieser Gründe kann in einer Headline genutzt werden, um den Leser in den Text zu führen. Im Folgenden finden Sie fünf Grundmotive der Informationsaufnahme mit jeweils einer passenden Headline. Es sind Antworten auf die Frage: Warum soll ich mich mit den folgenden Informationen beschäftigen?

Fünf starke Motive, die zum Lesen animieren

1. Neugier: Bauen Sie einen Spannungsbogen zwischen Headline und Text auf. Ihr Leser muss unbedingt wissen wollen, wie es weitergeht! (*So bringen Sie Ihren Kunden zum Lesen ...*)

2. Angst: Gemeint ist die Angst, etwas zu versäumen oder eine wichtige Information nicht zu kennen. (*Nur noch diese Woche: alles zum Thema Headlines*)

So gewinnen Sie schon in der ersten Zeile die Aufmerksamkeit des Lesers ...

3. Etwas Bekanntes: Kann Ihr Leser die Information aus der Headline mit etwas Bekanntem verknüpfen, ist die Chance groß, dass er weiterliest. (*Wie Sie Ihre Texterfibel zum Texterbuch ausbauen ...*)

4. Etwas Nützliches: Erwähnen Sie einen starken Vorteil in der Headline. Ihr Leser muss erkennen, dass er nur durch die Lektüre des Textes zu dem angesprochenen Vorteil gelangt. (*Jetzt gratis: So testen Sie unser Angebot der Woche*)

5. Eine schnelle Information: Menschen haben die Tendenz, sich zuerst den Informationen zuzuwenden, die sich einfach auswerten lassen. Je kürzer die Headline, desto „schneller" ist sie. (*Neu: Alles über Headlines ...*)
Wie wecken Sie das Interesse Ihres Lesers? Erzeugen Sie Neugier, nutzen Sie Angst, präsentieren Sie etwas Bekanntes oder Nützliches oder bieten Sie schnelle Information. Bei der konkreten Umsetzung für Verkaufsbriefe helfen Ihnen noch einmal drei einfache Techniken, Headlines zu texten.

Überprüfen Sie: Wie motiviert Ihre Headline?

Führung gefällig? Hier sind drei Techniken für Ihre Headline im Werbebrief

Mit diesen Headline-Techniken sprudeln die Ideen.

1. Die Inhaltsangabe mit Turbo: Der Text-Inhalt wird in der Headline kurz aufgegriffen. Drei Punkte (...) am Ende der Zeile führen in den nächsten Absatz. Mit einem aktivierenden Element am Zeilenanfang kann die Headline dann so aussehen: *Neu: Ihr Textertipp zum Thema Headlines ...*

2. Fragemechanik: Mit dieser Technik fesseln Sie den Blick Ihres Lesers. Hier arbeiten zwei Überschriften zusammen. Die erste Headline enthält in der einfachsten Form eine vollständige Aussage, anspruchsvoller ein Wortspiel, sie wird so kurios formuliert, dass der Leser

Ihre Notizen:

....

....

unbedingt wissen muss, was dahintersteckt. Durch eine zweite Überschrift (auf gleicher Ebene als Headline, auf untergeordneter Ebene als Subline oder als zweiten Satz) führen Sie auch hier gekonnt in den Text.

Aussage: *Mann beißt Hund!*
Führung: *So konnte es geschehen ...*

Aussage: *Hrddllbrmpft!*
Führung: *Was Nonsense-Wörter über das Gehirn verraten*

Aussage: *Headlines im Handumdrehen!*
Führung: *So geht´s ...*

3. Leserfragen-Technik: Für Direktmarketing-Headlines eine der beliebtesten Varianten. Mit dem Einstieg „So ..." oder „Wie Sie ..." sprechen Sie den Leser direkt an. Sie erwähnen einen Vorteil und machen den Leser damit neugierig! Wir sprechen von Leserfragen-Technik, weil zwischen Überschrift und dem Folgetext eine Frage im Kopf des Lesers erzeugt wird. Da die Antwort im Folgetext steckt, wird der Leser so in den Lesevorgang „gezogen". (*So werden Sie Profi-Texter ...*
Frage im Kopf des Lesers: „Wie?" Auf der Suche nach einer Antwort liest er weiter.)

Headlines sind „kurze" oder „lange" Wegweiser

Ob kurz oder lang – fesselnd muss die Headline sein.

Denken Sie daran: Headlines sind Wegweiser in den Text. Sie legen oft fest, unter welchen Vorzeichen das Folgende gelesen wird. Vermittelt Ihre Headline im weitesten Sinne kein „Lies und kauf!", verschwindet Ihr Werbebrief wohl im Papierkorb. Starke Headlines ziehen in den Text hinein und nehmen den Leser mit wenigen Worten an die Hand.

Und die richtige Länge? Egal. Eine Grundregel sagt: So kurz wie möglich, da kurze Headlines schnell auswertbar sind. Aber eine werbliche Überschrift, die über drei Zeilen einen Spannungsbogen hält, dramatische Höhepunkte schafft und durch starke Bilder den Leser nicht mehr loslässt, ist mit Sicherheit jeder kurzen, aber langweiligen

Headline vorzuziehen.

Praxistipp Headline:

Machen Sie Headlines so kurz wie möglich und so lang wie nötig!

Faustregel ...

Anschriften und Anreden oder wie Sie Paare, Prinzen und sogar den Papst richtig ansprechen

Ganz wesentliche Elemente des Briefeschreibens sind Adressierung und Anrede. Nicht nur weil der Name des Adressaten richtig geschrieben werden muss, sondern auch weil wir hier in den Bereich der Etikette hineinschreiben. Denn von der korrekten Schreibung des Namens einmal abgesehen: Wie spricht man mehrere Adressaten, Professoren, Grafen und kirchliche Würdenträger korrekt an? Und wie adressiert man richtig, wenn's mal über die Standards hinausgeht?

Ihre Notizen:

....

....

Zur Eröffnung: Der Name & Co.

Absolutes Muss: die korrekte Schreibweise des Empfängers.

Das wichtigste Wort für einen Menschen ist sein Name. Wir reagieren sofort, wenn wir ihn hören oder lesen. Und wir lesen ihn gern – wenn er richtig geschrieben ist. Genau genommen ist das Erkennen des Namens aber kein Lesen mehr. Unseren Namen nehmen wir „auf einen Blick“ wahr. Er wird nicht Buchstabe für Buchstabe entziffert, sondern ist längst ein Bild geworden. Das Bild, das sagt ICH. Und das müssen wir anschauen. Diesen Effekt nutzen Sie im Brief in der Anrede und selbstverständlich auch in der Adressierung.
Und wehe, wenn der Name falsch geschrieben ist. Das schönste Bild des Adressaten ist „verhunzt“. Gerade im Werbebrief ein Fehler, der mit Sicherheit in den Papierkorb führt.

Zugegeben, das mit der korrekten Anrede ist nicht immer einfach. Selbst wenn man von ausländischen Namen wie *Chiang Ch'ing* oder *Aljoscha Tarassow* mal ganz absieht. Bleiben noch die zahlreichen komplizierten deutschen Namen. Ein Herr Schliephake oder eine Frau Vonay möchten schließlich genauso korrekt geschrieben werden, wie ein Herr Müller. Mit „Sehr geehrter Herr Schlibhacke" oder „Liebe Frau von Ei" landet Ihr Brief ganz schnell in der Ablage P.
Daher ganz wichtig: Pflegen Sie Ihre Adressdatenbank sorgfältig. Die korrekte Schreibweise des Namens ist einfach eine Grundvoraussetzung für erfolgreiche Werbebriefe.

Ebenso wichtig: die korrekte Anschrift und Anrede.

Doch der Name ist nur ein Teil, wenn's um Anrede und Adressierung geht. Denn die korrekte Anrede und Anschrift sind ebenfalls Erfolgsfaktoren Ihrer Briefe. Hier wird es schwierig, wenn Adelstitel oder akademische Grade ins Spiel kommen. Doch wie sprechen Sie hier richtig an? Auch die DIN-Norm 5008 hilft da nur begrenzt weiter. Denn sie zeigt beispielhaft lediglich gängige Anreden und Anschriften. Deshalb finden Sie hier neben den wichtigsten Standards auch die häufigsten Spezialfälle.

Zur Klarstellung: Die Anschrift ist das, was im Adressfeld des Briefkopfes steht. Die Anrede meint die direkte Ansprache im Brief. Und gerade in Verbindung mit Titeln trägt der Name manchmal in Anrede und Anschrift unterschiedliche „Verkleidungen".

Von Standards, Ingenieuren und Professoren

„Sehr geehrte Frau Fischer" ist Standard und geht immer.

Die „normale" Anrede im Brief lautet ganz einfach: „Sehr geehrte Frau Fischer" bzw. „Sehr geehrter Herr Fischer".

Diese Anrede ist auch für Ihren Werbebrief zu empfehlen. Sie ist förmlich und dennoch sehr höflich und persönlich. Aber was passiert mit akademischen Titeln? Auch diese müssen im Werbebrief an der richtigen Stelle platziert sein. So geht's:

Mit Doktortiteln

Doktoren sprechen Sie an mit „Sehr geehrte Frau Dr. Weber“ oder „Sehr geehrter Herr Dr. Huber“. Der Doktortitel wird einfach als Abkürzung „Dr.“ vor den Nachnamen gestellt. Der Rest der Anrede bleibt gleich. Akademische Diplome wie zum Beispiel der Dipl.-Ing. oder der Dipl.-Psych. haben in der modernen schriftlichen Anrede nichts zu suchen. Sie tauchen allenfalls in der Anschrift auf, manchmal einfach als Höflichkeit vor der älteren Generation. Auch im Werbebrief machen Sie aus einem „Sehr geehrter Herr Dipl.-Ing. Meier“ einfach ein „Sehr geehrter Herr Meier“.

„Dr.“ bleibt in der Anrede stehen – „Dipl.-Ing.“ fällt weg.

Etwas komplexer wird die Titelei, wenn Professoren und ein ganzes Sammelsurium anderer Titel dazukommen. Wie spricht man einen Professor Dr. med. und Dr. h. c. Müller richtig an? Hier gilt: Schreiben Sie im Adressfeld „Professor Dr. Dr. Müller“, aber in der Anrede nur den höchsten Titel. Also: „Sehr geehrter Herr Professor Müller“. Ganz wichtig: Der Professorentitel wird im Brief ausgeschrieben und nicht wie oft üblich als Prof. abgekürzt.
Übrigens können heute akademische Grade auch in die weibliche Form umgesetzt werden: „Sehr geehrte Frau Professor Müller“ oder „Sehr geehrte Frau Professorin Müller“. Beides ist sowohl im Werbebrief als auch in geschäftlicher Korrespondenz erlaubt.

Wie Sie gleich zwei Adressaten richtig ansprechen

Mit „Liebe Christa und Fritz“ eröffnen Sie Ihren Brief – und merken schon, dass hier etwas nicht stimmt. Denn dem Fritz „fehlt die Liebe“. Auch in privaten Briefen werden die Empfänger direkt und einzeln angesprochen. Korrekt ist also „Liebe Christa, lieber Fritz“.
Genauso funktioniert die Doppel-Anrede im Werbe- oder Geschäftsbrief: „Liebe Frau Schmidt, lieber Herr Schmidt“. Übrigens ist ein „lieber“ durchaus im Geschäftsbrief vorstellbar, wenn hier eine enge Beziehung besteht.

Geben Sie beiden Adressaten etwas „Liebe“.

Korrekt, freundlich und ein wenig mehr distanziert schreiben Sie: „Sehr geehrte Frau Müller, sehr geehrter Herr Fuchs“. So sind Sie auf der sicheren Seite – auch im Werbebrief.

Auf die Reihenfolge kommt es an …

Ladies first, aber Chefs zuerst.

Achten Sie außerdem auf die richtige Reihenfolge der Angesprochenen. Als Faustregel gilt: Ladies first. Wenn Sie eine Frau und einen Mann zusammen ansprechen, nennen Sie die Frau an erster Stelle. Ist aber der Mann in einer höheren beruflichen Position, sprechen Sie ihn zuerst an. Richtig ist also:

„Sehr geehrter Herr Wichtig, sehr geehrte Frau Wenigerwichtig“. Hier gilt statt „Ladies first“ ganz einfach „Chefs nach vorne“. So auch im Adressfeld.

Verzichten Sie in der Anschrift außerdem auf die Zusammenfassung zweier Personen. Weg mit „Herrn Dr. Willi Wohlfahrt und Gattin“. Ersetzen Sie diese altmodische und anonyme Formulierung und nennen Sie die „Dame des Hauses“ beim Namen:

Frau Berta Wohlfahrt
Herrn Dr. Willi Wohlfahrt

Was nicht mehr „in die Zeit passt“ …

Das „Fräulein“ ist tot.

Einige Anreden bzw. Zusätze der Anschrift sind einfach nicht mehr zeitgemäß. Dazu zählt das „Fräulein“ genauso wie „Eheleute“, „Firma“ oder „Fa.“, „z. H.“ oder der Vorsatz „An“.

An die Fa.
Textakademie GmbH
wird im Anschriftenfeld einfach zu
Textakademie GmbH
An die Eheleute Schmidt
wird zu
Frau Anja Schmidt
Herrn Rudolf Schmidt

Streichen Sie also all diese verstaubten Formulierungen und Abkürzungen aus Ihren Werbebriefen.

Kirchliche Würdenträger

Für jedes Kirchenamt gibt es eine eigene Anrede.

Jetzt wird es spannend: Angenommen, Sie richten Ihren Brief an den Papst. Wüssten Sie, wie Sie ihn richtig ansprechen? Sehr geehrter Herr Papst? Liebe Heiligkeit? Sehr geehrter Herr Benedikt?
Natürlich werden Sie eher selten einen Werbebrief an den Papst adressieren. Aber immer wieder stößt man als Schreiber auf andere kirchliche Würdenträger, die korrekt angesprochen werden wollen.
Einen Bischof schreiben Sie zum Beispiel mit „Euer Exzellenz“ an. Den Dekan mit „Euer Hochwürden“, einen Pfarrer mit „Sehr geehrter Herr Pfarrer“ und einen Abt mit „Euer Gnaden“.

Übrigens: Falls Sie doch einmal an den Papst schreiben: Korrekt im Anschriftenfeld ist:
Seiner Heiligkeit
Papst Benedikt XVI.

Als Anrede schreiben Sie: „Euer Heiligkeit“ oder „Heiliger Vater“.

Gräfin, Herzog & Co. …

Der „Prinz“ ersetzt den „Herrn“ in der Anrede.

Ist ein Graf Kunde oder Geschäftspartner geworden, brauchen Sie klares Wissen um die korrekte Anrede. Prinz, Prinzessin, Herzog und Herzogin, Graf und Gräfin, und, und, und. Wie schreiben Sie adelige Kunden richtig an?

Grundsätzlich gilt: „Herr“ und „Frau“ fallen bei Adelstiteln in der Anrede weg. Hier ersetzen Sie diese Wörtchen durch den jeweiligen Titel des Empfängers. Sie beginnen Ihr Schreiben also mit „Sehr geehrter Prinz von Lichtenfeld“. Anders im Anschriftenfeld. Hier richtet sich der Brief an „Herrn Dr. Peter Prinz von Lichtenfeld“. Genauso geht’s bei Herzögen, Fürsten, Grafen und Baronen.

Selbstverständlich existieren weit mehr Titel als die hier genannten. Mittlerweile finden sich etliche Buchtitel zu diesem Spezialthema. Zumal die wenigsten Datenbanken hier entsprechend vorbereitet sind. Auch Bücher zum diplomatischen Protokoll liefern oft korrekte schriftliche und mündliche Anreden adeliger, politischer oder kirchlicher „Amts- und Würdenträger". Wer weitere Details benötigt: Hier ist ein Literaturtipp zum Thema: Peter Wolff, Anreden und Anschriften. Berlin 2000 (Urania).

Einseiter oder Mehrseiter: eine kleine Entscheidungshilfe

Einseiter sind besser, aber nicht um jeden Preis.

Eine Frage bereitet Werbetextern immer wieder Kopfzerbrechen: „Sind zwei Seiten zu viel?" Die Antwort: Nein, nicht unbedingt. Gekonnt gestaltet sind auch zweiseitige Briefe erfolgreich. Allerdings gibt es hier ein paar wichtige Dinge, die Sie beachten sollten. Denn: Auf das Führungskonzept kommt es an – besonders bei den Mehrseitern.

Ein- oder Zweiseiter ...

Grundsätzlich gilt: Einseitige Briefe lassen sich besser lesen. Ein einseitiger Werbebrief weckt beim Leser den Eindruck: „Dieser Text lässt sich schnell lesen und ist leicht auszuwerten." Versuchen Sie deshalb beim Einseiter zu bleiben. Wenn allerdings Textstruktur und Schriftgröße darunter leiden, verschwindet dieser gute erste Eindruck. Daher gilt: Zwängen Sie Ihren Text nicht mit aller Gewalt auf eine Seite. Werden Schrift und Zeilenabstand zu klein, wirkt Ihr Brief schnell überladen und unübersichtlich.

Mit etwas Führung klappt´s auch mit dem Zweiseiter.

Deshalb darf ein Brief auch zwei Seiten haben. Aber achten Sie hier besonders auf die richtige Dramaturgie und Führung! Mit Führungsfloskeln nehmen Sie den Leseschwung von Seite 1 mit hinüber auf Seite 2. Ein „Bitte wenden", „Weiter geht's auf Seite 2" oder „Auf der nächsten Seite sparen Sie bares Geld!" aktiviert den Leser zusätzlich und fordert zur Reaktion auf.

Praxistipp: Zweiseiter

Führen Sie durch die Satzkonstruktion und trennen Sie am Ende der ersten Seite mitten im Absatz, im Satz und manchmal auch im Wort. So zum Beispiel:

Letzter Satz Seite 1:
... so steht Ihrem nächsten Verkaufs-

Erster Satz Seite 2:
Event nichts mehr im Weg. ...

So nehmen Sie den Leser mit auf Seite 2.

Denken Sie an das PS! Bei Zweiseitern darf dieses ruhig etwas länger ausfallen. Es kann durchaus bereits ab der Mitte Seite 2 beginnen. Dort finden Sie dann eine kurze Zusammenfassung der wesentlichen Vorteile aus dem Text.

An das PS denken!

Praxistipp Mehrseiter

Denken Sie an die „goldene Regel" für mehrseitige Briefe:

Sag, was du sagen möchtest → in der Headline
Sag es → im Hauptteil des Briefes
Sag, was du gesagt hast → im PS

Überlegen Sie trotzdem immer, ob Ihr Brief wirklich zwei Seiten umfassen muss. Eine Seite ist und bleibt einfach übersichtlicher.

Die Faustregel für Mehrseiter:

Vier Seiten und noch mehr ...

Liest man das? Ja, wenn Ihr Vierseiter die richtige Zielgruppe erreicht. Denn die muss – grob gesagt – gerne lesen, gewöhnt sein, schriftliche Informationen schnell aufzunehmen und vor langen Texten nicht erschrecken. Und selbstverständlich sollte die angebotene Information genau den Bedarf der Zielgruppe treffen. Denn wer liest

Wenn der Brief noch länger werden soll ...

schon, was er nicht braucht? Einige Verlage werben sehr erfolgreich mit mehrseitigen Briefen. Zum Beispiel in der Zielgruppe Existenzgründer. Denn wer ein Unternehmen gründet, hat Angst, etwas zu verpassen. Existenzgründer lesen viel. Lange Briefe, aber auch lange E-Mails.

Unverzichtbar sind Stilmittel, die führen.

Allerdings muss ein mehrseitiger Brief sehr schnell signalisieren, was er seinen Lesern bietet. Deshalb verwendet man auf der konzeptionellen Ebene auch zahlreiche Stilmittel, die weit über den normalen Privatbrief hinausgehen. Bei Vier- und Achtseitern arbeitet man mit Zwischenüberschriften, Marginalien (Randbemerkungen), Hinweisen in Schreibschrift auf dem Rand. Man verwendet unter anderem neben Unterstreichung und Fettdruck Textmarker, blaue Linien, die vorgaukeln, hier hätte der Schreiber mit Füller unterstrichen, oder eingedruckte Stempel. Man hebt ganze Absätze durch Markerstrich, Unterstreichung, Hintergrund oder Rahmen hervor, um dem Leser schnell Höhepunkte anzuzeigen. Konzeptionell arbeitet man hier ähnlich wie im Prospekt: Der Leser muss schon beim ersten Überblättern viele Vorteile und Höhepunkte des Textes erkennen.

Joker für mehrseitige Briefe: der Cliffhanger.

Im Text selbst werden immer wieder Spannungsbögen aufgebaut. Hier werden Geschichten erzählt, die über das nächste Seitenende ziehen oder wie beim Zweiseiter durch intelligente Trennung im Absatz, Satz oder Wort auf die nächste Seite führen. Der Texter setzt so genannte Cliffhanger ein, die Spannung am Ende der Seite aufbauen und über den Fortsetzung-folgt-Effekt weiterführen.

Für die Konzeption besonders wichtig: Bei Vier- oder Achtseitern schreibt niemand einfach drauflos. Zuerst entwickelt man die Konzeption, legt Höhepunkte fest und kennzeichnet – oft in einer Skizze –, welche Vorteile und Besonderheiten beim ersten Scannen des Briefes im Kopf des Betrachters ankommen sollen. Dann überlegt man die dramaturgische Hinführung zu den Themen und Unterthemen. Typische Texterfragen: Wo kann ich Geschichten erzählen? Wo habe ich Fakten und Daten, um zu untermauern? Wo habe ich Referenzen und Zitate? Welche gedachte Frage meiner Leser beantworte ich an welcher Stelle? Und last, but not least auch bei Vier- und Noch-mehr-Seitern beherzigt man den obigen Praxistipp in etwas abgewandelter Form:

Für Mehrseiter gilt: erst die Konzeption, dann der Text.

Praxistipp „Mehr-als-drei"-Seiter

Sag, was du sagen möchtest → in der Headline und im ersten und zweiten Absatz

Sag es auf viele unterschiedliche Arten immer wieder → im Hauptteil des Briefes

Sag, was du gesagt hast → im PS

Die goldene Regel für Vielseiter.

Dieses Kapitel hat Ihnen viele wichtige Werkzeuge für „gutes Schreiben" an die Hand gegeben. Seien es die DIN-Norm, die Unterschrift, verkaufsstarke Headline-Techniken, die korrekte Anrede und Anschrift oder der richtige Umgang mit mehrseitigen Briefen. Gehen Sie doch das Kapitel ein zweites Mal durch und arbeiten Sie parallel an Ihren eigenen Texten.

Zusammenfassung von Kapitel 4

Ihre Notizen:

....

....

Kapitel 5

Konzeption mit den Techniken WDD und WDD+: Das Gerüst für Ihren Brief

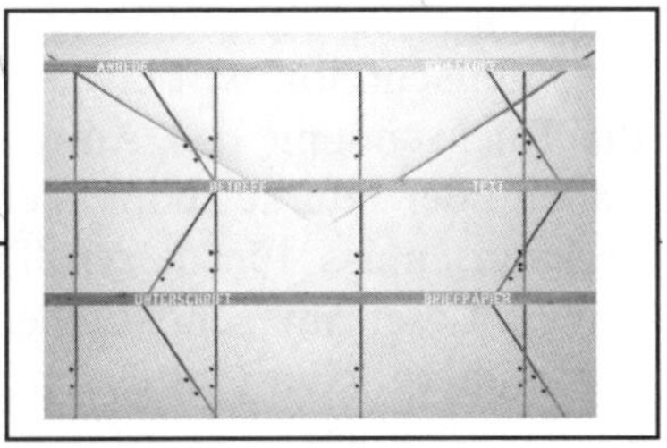

Dieses Kapitel verrät, …

… wie Sie Ihr Briefkonzept an einfachen aber entscheidenden Fragen ausrichten,

… warum der Dreisprung „Wenn-Dann-Deshalb“ ganz entscheidend für den Erfolg von Briefen und Verkaufs-E-Mails sein kann,

… wie Sie mit einfachen „Beweisen“ ein starkes Konzept noch mehr verstärken.

Warum das Konzept so wichtig ist ...

Nur mit einem klaren Konzept führen Sie den Leser zur Reaktion.

Schon „der erste Blick“ auf einen Werbebrief entscheidet oft über „Lesen“ oder „Wegwerfen“. Wenn die Blickführung stimmt, ist die erste Hürde geschafft. Nun geht es im Lesevorgang „um alles“. Fesselt Ihr Brief mit dem ersten Absatz, überzeugt er im Folgetext durch klare Vorteile und bringt er den Leser letzten Endes zur Reaktion? Die Anforderungen an den Brief sind klar. Doch während wir in Privatbriefen geduldig die Gedanken des Schreibers mitentwickeln, braucht der ungeduldige Werbeleser ein klares Konzept, das einlöst, was der Blickverlauf versprochen hat. Wie das aussehen kann, zeigen zwei einfache Techniken im folgenden Kapitel.

Briefe sind Gespräche! Was das bedeutet ...

Denken Sie das Verkaufsgespräch voraus!

Noch einmal: Briefe sind Gespräche auf lange Distanz. Aber ein Werbebrief ist eben ein zielorientiertes Gespräch. Wer ihn schreibt, will etwas von seinem Leser: den Anruf, die Rücksendung des Antwortfaxes oder den Besuch im Laden oder Internetshop. Wer ein „Tun“ von seinem Leser verlangt, muss für dieses Tun gute Gründe liefern und seinen Leser im schriftlichen Gespräch an die Reaktion heranführen. Nun gibt es einfache Modelle für den Aufbau solcher Schreiber-Leser-Gespräche.

Der große Nachteil schriftlicher „Fern-Gespräche“: Es sind keine spontanen Äußerungen möglich. Denn der Gesprächspartner sitzt unter Umständen viele Kilometer weit weg und liest den Brief lange Zeit, nachdem er geschrieben wurde. Deshalb versucht man als Schreiber solche Gespräche vorauszudenken, überlegt sich: Welche Fragen könnte ein Leser an mich haben und welche Antworten würde ich geben, um ihn zu überzeugen? Je besser Sie diese Fragen vorausdenken, je besser und klarer Sie diese Fragen beantworten, desto einfacher gelingt die Führung zur gewünschten Reaktion.

Einfache Fragen und eine klare Struktur ...

Selbstverständlich muss ein Brief viele solcher gedachter Fragen durch Text und Gestaltung beantworten. Denn

Firmensignet und Absenderangaben im Briefkopf beantworten bereits die Frage: „Wer schreibt mir?“ Auch im Fließtext beantworten wir viele Detailfragen. Zum Beispiel bei der Verwendung von Abkürzungen (Leserfrage: „Was bedeuten RFID, BiRiLiG, usw.?“). Als Antwort setzen wir zumindest am Textanfang neben die Abkürzung die ausgeschriebene Bezeichnung.

Bei allen Detailfragen und -antworten der Argumentation muss ein Brief im Kern immer drei grundlegende Fragen beantworten:

Ein Brief muss drei wesentliche Fragen beantworten: Warum soll ich das lesen? Was habe ich davon? Was soll ich tun?

Kernfrage Nummer 1: *Warum soll ich das lesen?* Diese Frage richtet sich immer an den ersten Absatz. Hier nehmen wir als Schreiber den Leser an die Hand, holen ihn ab wo er steht, zeigen das Problem und je nach Strategie die mögliche Lösung. Ihr Ansatz für den Text: Das kleine Wort **„Wenn …“**

Kernfrage Nummer 2: *Welche Vorteile habe ich? Was ist die Lösung? Was steckt dahinter?* Diese Fragen müssen beantwortet werden, wenn das Problem erkannt und das Ziel gesteckt ist. Ihr Ansatz für den Text ist nun das kleine Wort **„Dann …“**

Ihre Notizen:

....

....

Kernfrage Nummer 3: *Was soll ich tun?* Die Lösung ist beschrieben, das große Ziel herausgearbeitet. Jetzt muss der Werbetext wieder ganz pragmatisch werden und den Bezug von Vorteil, Lösung und Ziel zum Leser herstellen. Denn nun geht´s um die ganz konkreten Schritte, die der Leser tun muss, um diese Vorteile auch zu bekommen. Ihre Beschreibung der notwendigen Schritte beginnt mit dem kleinen Wort **„Deshalb …“**

Technik Nr. 1: WDD
Wenn – Dann – Deshalb

Eine einfache Kausalkette: **Wenn** du dich in dieser Situation befindest / diese Situation erreichen willst (1. Absatz) – **Dann** helfen diese konkreten Maßnahmen oder Produkte, die wir als XY für dich zusammengestellt haben (2. Absatz / mittlere Absätze) – **Deshalb** fordere das neue Produkt XY gleich per Telefon / Fax / Mail an (letzter Absatz).

Der erste Absatz schildert eine Ideal- oder Mangelsituation.

Dies ist, stark verkürzt, die Logik solcher WDD-Briefe. **Wenn** beschreibt die Situation, die es zu erreichen oder zu verändern gilt. Wichtig: Hier sind Einstiege über eine Idealsituation oder über einen Mangel möglich. Nehmen Sie Ihren Leser jetzt an die Hand und malen Sie ihm mit bildhaften Worten ruhig aus, in welcher Situation er einfach nicht auf Ihr Angebot verzichten kann. Am Ende des Absatzes leiten Sie in die Nutzenargumentation über.

Der zweite Absatz zeigt die Vorteile.

Dann: Nun folgt Ihre Nutzenargumentation. Ihr Leser muss verstehen, was Sie ihm anbieten. Hier sollten Sie noch nicht zur Bestellung auffordern, denn Sie haben ihn per Einstieg bisher lediglich „abgeholt“. Liefern Sie jetzt gute Argumente, was Ihr Produkt für den Leser tun kann. Zeigen Sie, welche Vorteile Ihr Angebot bietet, zeigen Sie ganz konkret, wie das Leben des Lesers schöner, erfolgreicher, einfacher usw. wird.

Der dritte Absatz fordert zur Reaktion auf.

Erst wenn ein Leser Vorteile für sich erkannt hat, ist Zeit für den letzten Baustein: Jetzt muss der Leser handeln, will er von diesen Vorteilen profitieren. **Deshalb** folgt jetzt die konkrete Aufforderung zu reagieren. Schreiben Sie hier ruhig auch ganz konkrete Handlungsanweisungen.

Vorteil: Die WDD-Technik gibt eine einfache Briefstruktur vor. Sie wissen sofort, welches Thema in den einzelnen Absätzen abgehandelt wird.
Der folgende Rohtext zeigt einen einfachen Briefaufbau nach der WDD-Technik.

Sehr geehrter Herr Mustermann,

(Wenn)
Sie sind fast täglich auf Deutschlands Straßen unterwegs, sind beruflich auf Ihr Auto angewiesen. Und wenn nicht per PKW, verreisen Sie per Bahn oder Flugzeug. Doch was passiert, wenn Sie eine Panne haben, Ihr Gepäck verlorengeht oder geplante Verbindungen sich einfach verspäten?

(Dann)
Mit dem Rundum-Sicher-Schutzbrief können Sie all dies beruhigt auf sich zukommen lassen. Ein Anruf genügt, und schon helfen „fleißige Hände", Sie in Rekordzeit ans gewünschte Ziel zu bringen. **Schnell, unkompliziert und komfortabel.** Rundum Sicher kümmert sich um Reise-Alternativen, benachrichtigt wartende Personen auch direkt am Flughafen und organisiert Abschlepp- und Pannenhilfen.

(Deshalb)
Wenn Sie jetzt mehr erfahren wollen, geht das ganz einfach: Unter Telefon 333333 erreichen Sie direkt Ihren Sicher-Service. Und der hat bereits ein kleines **Informationspaket für Sie** vorbereitet. Einfach abrufen!

Ihre Notizen:

....

....

Praxistipp: Optimierung ganz konkret ...

Es gibt Werbebriefe, die das Problem (Wenn) über mehrere Absätze ziehen, „genüsslich" ein Problem beschreiben und dann auf den Teil **Dann** komplett verzichten. Fehlt der zweite Teil oder halten Sie hier nur sehr wenig Information bereit, entsteht ein Ungleichgewicht: Aus der Mangelsituation wird sofort eine Reaktion eingefordert. Kein Wunder, wenn Leser im Problem aufhören zu lesen oder dem schnellen Sprung zur Bestellaufforderung nicht folgen können. Das Ergebnis: Der Response bleibt eher gering.

Überprüfen Sie auch Ihren letzten Absatz. Ist er eine echte Aufforderung zur Bestellung? Übrigens einer der großen

Überprüfen Sie: Wie ist die Gewichtung in Ihren Werbebriefen?

Fehler vieler Werbebriefe: die schwache oder nicht vorhandene Bestellaufforderung. Hier müssen Sie konkret werden. Denn wenn die Vorteile gut ankommen, will Ihr Leser nun wissen, was er tun kann, um zu profitieren.

Technik Nr. 2: WDD+
Das Plus für noch mehr Erfolg

Verstärken Sie Ihr Konzept mit einem weiteren Absatz!

Beantworten Sie die Leserfrage: Wer beweist das?

Noch wesentlich stärker und attraktiver wird Ihr Briefkonzept, wenn noch ein weiterer Baustein dazukommt. Ein kurzer Textabschnitt, der Ihren zweiten Absatz „Dann …“ untermauert. Es gibt nämlich noch eine **Kernfrage Nummer 4,** die Sie bereits im Brief berücksichtigen können. Sie lautet *Wer beweist das?* Ihr Text zur Beantwortung dieser Frage beginnt mit dem kleinen Wort **„Weil …“**

Ihr Aufbau sieht dann folgendermaßen aus:

„Wenn“: Sie malen Ihrem Leser mit bildhaften Worten aus, in welcher Situation er einfach nicht auf Ihr Angebot verzichten kann.

„Dann“: die Nutzenargumentation mit den wesentlichen Vorteilen Ihres Angebots.

Beweisen Sie dem Leser, dass sich Ihr Angebot lohnt.

„Weil“: der Beweis. Dieser Baustein verleiht Ihrem Text noch mehr Glaubwürdigkeit. Denn hier erwähnen Sie Marktstudien, positives Feedback und konkrete Erfahrungen rund um Ihr Produkt oder Ihre Dienstleistung. Alternativ passen auch Details zu Ihren Produkten in den Punkt „Weil“. So beschreibt ein Verlag im Punkt „Dann“ zwar, welche Probleme sein neues Praxishandbuch löst. Im Punkt „Weil“ macht er jedoch glaubhaft, wie das gelingt, und erwähnt die Checklisten, Zusammenfassungen, Internet-Workshops, die zum Produkt gehören.

Beweisen Sie hier, warum es sich lohnt, Ihr Angebot anzunehmen. Und wenn Ihr Konkurrent ein gleichartiges Produkt auf den Markt bringt: Spätestens im Abschnitt

„Weil“ muss einem Leser klar werden, warum er Ihr Angebot und nicht das der Konkurrenz annehmen soll.

WDD+: das Plus für noch mehr Aktivierung.

„Deshalb“: die Bestellaufforderung, konkrete Handlungsanweisung.

Hier ist also unser Beispiel in der WDD+-Technik:
Unser Textbeispiel WDD wurde jetzt um einen Baustein „Weil“ erweitert: Plötzlich erhält der Text „mehr Aktivie-

Ihre Notizen:

....

....

Sehr geehrter Herr Mustermann,

(W: Wenn)
Sie sind fast täglich auf Deutschlands Straßen unterwegs, sind beruflich auf Ihr Auto angewiesen. Und wenn nicht per PKW, verreisen Sie per Bahn oder Flugzeug. Doch was passiert, wenn Sie eine Panne haben, Ihr Gepäck verlorengeht oder geplante Verbindungen sich einfach verspäten?

(D: Dann)
Mit dem Rundum-Sicher-Schutzbrief können Sie all dies beruhigt auf sich zukommen lassen. Ein Anruf genügt, und schon helfen „fleißige Hände“, Sie in Rekordzeit ans gewünschte Ziel zu bringen. **Schnell, unkompliziert und komfortabel.** Rundum Sicher kümmert sich um Reise-Alternativen, benachrichtigt wartende Personen auch direkt am Flughafen und regelt Abschlepp- und Pannenhilfen.

(W+: Weil)
Die Stiftung Mobilität belohnt diesen Service mit dem Siegel **„Exzellent“** und die Leser der Zeitschrift „Unterwegs“ haben diesen Schutzbrief zum **Reisebegleiter des Jahres** gewählt. Ganz besonders stolz sind wir auf die vielen Briefe und E-Mails zufriedener Kunden. Auf www.rundum-sicher-reisen.de haben wir einige Schreiben zum Nachlesen für Sie zusammengestellt.

(D: Deshalb)
Wenn Sie jetzt mehr erfahren wollen, geht das ganz einfach: Unter Telefon 333333 erreichen Sie direkt Ihren Sicher-Service. Und der hat bereits ein kleines **Informationspaket für Sie** vorbereitet. Einfach abrufen!

rung“, führt noch stärker zur Reaktion. Und damit man diese neue Technik von WDD unterscheiden kann, haben wir sie WDD+ getauft. In der Literatur finden Sie dieses Verfahren übrigens auch als 4P-Technik. Da stehen die vier Ps dann für Picture, Promise, Proof und Push.

Der Vorteil: Diese Technik hilft, sehr überzeugende Briefe zu entwickeln. Schon unser einfaches Beispiel zeigt, dass derselbe Brief um ein Vielfaches „stärker“ wirkt.

! Zusammenfassung

Optimierung ganz konkret ...

Überprüfen Sie Ihre Verkaufsbriefe! Wie beweisen Sie Ihre Argumente? Liegt hier eine weitere Chance, noch intensiver mehr Response einzufordern? Überprüfen Sie, welche Informationen vorliegen, um Ihren Brief noch stärker zu machen. Haben Sie Referenzen zufriedener Kunden zur Verfügung, positive Besprechungen Ihrer Produkte in der Presse, können Sie über hervorragende Verkaufszahlen zusätzliches Vertrauen herstellen, Ihren Kundenberater oder einen Experten zur Qualität Ihres Produktes zitieren? All diese Beweise untermauern Ihre Aussagen. Bauen Sie sie einfach in Ihren nächsten Werbebrief mit ein.

Die richtige Gewichtung ...

☑ Überprüfen Sie die Absatzlänge in Ihrem Brief: Der erste Absatz ist kürzer als die folgenden.

Ob Sie nun mit drei oder vier Absätzen arbeiten: Achten Sie auch auf die richtige Gewichtung der einzelnen Bestandteile! Alle vier Elemente Ihres Briefes sollten ausgewogen sein. Ausnahme: Der erste Absatz ist oft etwas kürzer, denn er muss signalisieren: Ich bin schnell auszuwerten. Mit dem nächsten Kapitel geht es noch tiefer in das Thema Briefaufbau hinein. Jetzt lernen Sie ganz konkret und mit vielen Beispielen unterschiedliche Wege kennen, in den Brief einzusteigen (Wenn-Bausteine) oder aus dem Brief auszusteigen (Deshalb-Bausteine).

Praxistipp: E-Mail-Newsletter

Übrigens eignen sich die WDD- und WDD+-Techniken auch hervorragend für Verkaufs-E-Mails. Gerade wenn Sie – wie in einem Brief – ein Produkt bewerben, folgt die Produktbeschreibung dem oben beschriebenen Aufbau.

Auch E-Mails brauchen Struktur. Mit WDD ganz leicht.

Mit WDD und WDD+ bringen Sie Struktur in Ihre Texte. Der Trick: Kernfragen des Lesers beantworten. Frage für Frage und Absatz für Absatz führen Sie so den Adressaten durch den Text und schließlich zur gewünschten Reaktion.

Zusammenfassung von Kapitel 5

Ihre Notizen:

....

....

Kapitel 6

Erster Absatz und Mittelteil: So starten Sie richtig ...

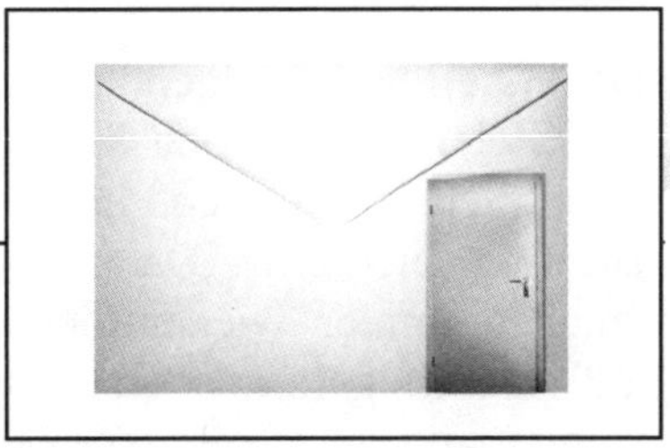

Dieses Kapitel verrät, ...

... sieben typische Einstiege für jede Anforderung,
... wie Sie auch den Mittelteil des Briefes meistern,
... wie Sie bereits in der Headline überzeugen.

Der erste Absatz: So steigen Sie ein

Stellen wir uns vor, Ihr Brief hat seinen (künftigen) Leser in der ersten Begegnung begeistert. Bereits beim „Überfliegen" haben die Augenhaltepunkte klare Vorteile signalisiert. Auch die Headline motiviert zum Einstieg. Der Betrachter will „mehr" und beginnt zu lesen. Nun ist es besonders wichtig, das positive Grundgefühl schon mit dem ersten gelesenen Absatz weiter zu verstärken.

Die erste Hürde ist geschafft. Jetzt führen Sie den Leser weiter.

Ihr Ziel: Am Ende soll Ihr Leser etwas tun. Er soll anrufen, per Fax oder Mail bestellen, an einem Gewinnspiel teilnehmen. Im Idealfall nehmen Sie Ihren Leser mit dem ersten Absatz an die Hand und bringen ihn „auf den Weg" zur gewünschten Reaktion.

Dabei helfen die folgenden sieben „typischen" Briefeinstiege. Gleichzeitig lernen Sie mit den Briefeinstiegen praktische „Schreibroutinen" kennen, die Ihnen den Start in den Brief erleichtern. Denn analysiert man Werbebriefe, tauchen immer wieder diese sieben „Einstiegstechniken" auf. Damit gelingen erste Absätze im Handumdrehen – wenn man seine Techniken beherrscht.
Darunter sind sechs Varianten der Wenn-Einstiege, die Sie im vorangegangenen Kapitel kennengelernt haben.

! Zusammenfassung

Wenn-Varianten

Der erste Absatz beantwortet die Leserfrage: Soll ich das lesen? Nun sind hier viele Antworten denkbar: Ja, wenn du, lieber Leser, ein bestimmtes großes Ziel erreichen willst. Wenn du einen Mangel beheben willst. Wenn du ein drängendes Problem lösen musst. Wenn du …
Diese unterschiedlichen Antworten nennen wir – bezogen auf die WDD-Technik – Wenn-Varianten.

Einstiegstechnik Nr. 1: Der exklusive Expertenkreis

Wenn-Variante: „Wenn du einer dieser Experten bist/ Wenn du einer dieser Experten sein willst ...“

Die Kernaussage solcher Briefeinstiege: Der Leser wird in einen besonderen Kreis gerückt. Zum Beispiel appelliert man an sein fachliches Wissen. *(Als Profitexter wissen Sie ...)*. Durch diesen Schulterschluss holt man sich sehr schnell ein „Ja“ des Lesers und kommt direkt zur Präsentation des Angebots. Noch wirkungsvoller ist dieser Einstieg, wenn Sie Ihren Leser zwar im Text einem exklusiven Kreis zuordnen, er in der Realität jedoch noch nicht dazugehört. Der Leser sieht nun beim Lesen bereits das richtige Bild – und Sie beschreiben ihm, was er tun sollte, um dieses Wunschbild (durch Ihr Angebot) zu erreichen. Allerdings gilt auch hier: Die Zugehörigkeit zu diesem Kreis muss tatsächlich erreichbar und erstrebenswert sein, sonst wirkt Ihr Brief sehr schnell wie pure Aufschneiderei.

Sprechen Sie Ihren Leser als Experten an!

Typische Formulierungen:

- „Sie als (einer der wenigen) ...“
- „Als Profi-... /Experte/Fachmann für XY wissen Sie ...“

Ihre Notizen:

....

....

Die folgenden Beispiele zeigen, wie Sie mit dieser Technik arbeiten:

„Sehr geehrter ...,
als Profitexter wissen Sie, welche Anforderungen ein verkaufsstarker Brief erfüllen muss. Doch weiß das auch Ihr Auftraggeber? Wenn Sie künftig Briefinggespräche zeit- und nervenschonend führen wollen, ...“

„Sehr geehrter ...,
Sie gehören als Besucher der Textwerkstatt 3 zu einem kleinen Kreis ganz besonderer Kunden. (...). Deshalb möchte ich Sie einladen: Werden Sie Mitglied

`im exklusiven Profi-Club der Textakademie ..."`

Einstiegstechnik Nr. 2: Das große Ziel/ Der Wunschtraum

Wenn-Variante: „Wenn du dieses große Ziel erreichen willst/dir diesen Traum erfüllen willst/diese Idealsituation erreichen willst ...“

Der Wunschtraum weckt Leselust.

Dieser Einstieg führt mit einem Hauptvorteil für den Leser in den Brief. Schon in den ersten Zeilen zeigt man eine Idealsituation/das große Ziel/den unerfüllten Traum. So wird Leselust geweckt, denn Ihr Leser will nun wissen, wie er dieses große Ziel erreicht. Der Folgetext beschreibt, wie das mit Ihrem Angebot möglich wird. Allerdings müssen Sie hier natürlich wissen, was das große Ziel/die Idealsituation ist, die mit Ihrem Angebot erreicht werden kann.

Typische Formulierung:

Ihre Notizen:

....

....

- „Stellen Sie sich vor ...“

Diese Formulierung schreiben Sie, um den Leser sofort in den Text zu führen. Zweite Variante: Sie denken sie nur und beschreiben im ersten Absatz eine erwünschte Idealsituation.

Ein Beispiel:

`„Sehr geehrte …,`
`stellen Sie sich vor: Die Rente ist sicher. Ihr Bankkonto ist gut gefüllt und Sie leben, wo die Sommer mild und die Winter warm sind. Sie genießen Ihren verdienten Ruhestand und freuen sich jeden Tag über eine Entscheidung, die Sie nach diesem Brief getroffen haben …"`

`„Sehr geehrte …,`
`künftig ist jeder Brief ein Treffer.`

Ohne Druck entstehen Ihre Schreiben wie durch Zauberei. Und das Schönste: Sie bringen guten Response und lassen Ihre Verkäufe kräftig steigen."

Einstiegstechnik Nr. 3: Die Mangelsituation (noch fehlt Ihr Angebot)

Wenn-Variante: „Wenn du dieses bekannte Problem vermeiden willst/diesen bekannten Mangel beheben willst…"

Diese Briefe holen Ihren Leser dort ab, wo er steht. Sie erinnern an eine Mangelsituation oder an ein Problem und beschreiben dann, wie durch Ihr Angebot eine schönere, bessere Situation erreicht bzw. ein Problem gelöst wird. Aber Vorsicht – der Leser darf durch die „Mangelsituation" nicht abgeschreckt und an zu Unangenehmes erinnert werden. Deshalb brauchen solche „Problemeinstiege" unbedingt eine positive Headline vorab. Ihr Leser muss wissen, dass ein gutes Ende folgt, bevor Sie „den Finger in seine Wunde legen". Übrigens scheint dieser „Problemeinstieg" der Lieblingseinstieg vieler werbender Unternehmen in Deutschland zu sein.

„Happy End" dank Ihrem Angebot.

Typische Formulierungen:

- „Sicher kennen Sie das/diese Situation ..."
- „Das haben Sie sicher schon erlebt ..."
- „Stellen Sie sich vor …"

Ihre Notizen:

....

....

Zwei Beispiele:

„Sehr geehrte …,
das haben Sie sicher schon erlebt: In Ihrem Büro herrscht das blanke Chaos. Ihre Terminplanung kollabiert, Ihre Sekretärin ist krank und die Produkte werden nicht mehr ausgeliefert.

Wenn Sie sich in einer solchen Situation an diesen Brief erinnern, können Sie sich beruhigt zurücklehnen. ..."

Ein Muss beim Problemeinstieg: eine positive Headline.

Dieses – zugegeben überzogene – Beispiel soll noch einmal den Gegensatz zum obigen Beispiel Idealsituation deutlich machen. Es soll auch zeigen, wie Problemeinstiege wirken und wie viel Lesewiderstand ausgelöst wird. Ohne eine Vorteils-Überschrift landet dieser Brief wohl im Papierkorb. Denn die positive Wendung folgt erst im zweiten Absatz – unter Umständen zu spät. Es sei denn – wie gesagt –, Sie signalisieren per Headline, dass das gute Ende kommt.

Ihre Notizen:

Ein Beispiel

„Sehr geehrter ...,
das Geld im Alter reicht schon lange nicht mehr. Der Staat allein kann finanzielle Sicherheit nicht garantieren. Denn die gesetzliche Rentenversicherung hat immer weniger Einzahler – aber immer mehr Empfänger. Deshalb sollten Sie vorsorgen. Heute schon. Dabei hilft Ihnen ..."

Einstiegstechnik Nr. 4: Das Erzeugen von Druck

Wenn-Variante: „Wenn du dieses große bevorstehende Problem/diese Bedrohung vermeiden willst ...“

Sehr wirksamer Einstieg, aber Vorsicht: kann auch nach hinten losgehen.

Ein Einstieg, der mit Vorsicht zu genießen ist. Hier spielt man mit der Angst des Lesers, etwas zu versäumen oder nicht zu wissen, und bietet im Folgetext die Lösung. Aber wehe, der erzeugte Druck ist zu stark! Ein verärgerter Leser ist nicht nur für dieses Angebot, sondern auch für das nächste vielleicht nicht mehr empfänglich. Trotzdem ist er ein äußerst wirksamer Briefeinstieg, wenn aktuelle Informationen oder Publikationen angeboten werden – falls Ihnen diese Gratwanderung gelingt.

Ganz besonders wichtig: Immer weniger Menschen lassen sich durch Werbung unter Druck setzen. Ganz anders, wenn nicht Sie selbst, sondern ein externes Ereignis diesen Druck auslöst: Naturkatastrophen, Gesetzesänderungen, sonstige Tatsachen, die von außen gesetzt sind. Dann versteht Ihr Leser diese Einstiege wie ein Stück Service, denn Sie erinnern ihn, bieten Lösungen für etwas Unaufhaltsames an. Erinnern Sie sich nur an die vielen Werbebriefe anlässlich der Computer-Anpassung zur Jahrtausendwende, der Euro-Einführung, und, und, und …

Nutzen Sie am besten nur externe Ereignisse, um Druck zu erzeugen.

Zwei Beispiele:

„Sehr geehrter Leser,
nur noch 14 Tage, dann steht Weihnachten vor der Tür. Haben Sie schon all die großen und kleinen Präsente für Familie, Freunde, Kollegen?"

Ihre Notizen:

....

....

„Sehr geehrter Leser,
das XY-Gesetz rückt näher. Ab April 200X drohen harte Strafen, wenn nicht alle Formalien bei Abgabe der X-Erklärung beachtet werden. Da ist es ganz besonders wichtig, heute schon für diese Anforderungen gerüstet zu sein. Deshalb ..."

Einstiegstechnik Nr. 5: Die Überraschung

Wenn-Variante: „Wenn du dieses Rätsel lösen willst/diese Überraschung erleben willst ...“

Ein sehr untypischer Wenn-Einstieg: Zwar geht es immer um die Beantwortung der Frage „Warum soll ich das lesen?“, doch der erste Absatz soll hier in erster Linie ein überraschendes Bild oder Rätsel erklären. Dieses Rätsel wurde durch die Headline oder den ersten Satz erzeugt und würde ohne Erklärung zu sehr irritieren. Erst durch den ersten Absatz stellen wir die Führung wieder her. Denn

Wichtig: Lösen Sie das Rätsel schnell auf!

Ihre Notizen:

....

....

auch wenn durch eine überraschende Formulierung Neugier erzeugt wird: Um Irritationen des Lesers zu vermeiden, müssen die ersten Sätze sofort erklären, worum es geht.

Ein Beispiel:

„Stecken Sie sich doch Ihre Bibliothek einfach in die Tasche …

Sehr geehrter Herr Professor Meier,
bitte erlauben Sie mir dieses ‚schiefe Bild'. Denn so unglaublich es klingt: Das geht. Der neue DataPower-Stick schluckt nicht nur ganz einfach die komplette Bibliothek Ihres Forschungsprojekts, sondern hat spielend in Ihrer Westentasche Platz. Egal wo Sie sind ..."

Einstiegstechnik Nr. 6: Die Zustimmungskette

Wenn-Variante: „Wenn all diese Einzelheiten zutreffen …"

Ja, ja, ja, … Ihr Leser soll zustimmend nicken.

Angelehnt an den Verlauf eines Verkaufsgespräches gibt es eine weitere Möglichkeit, in den ersten Absatz einzusteigen: Sie führen Schritt für Schritt von Zustimmung zu Zustimmung. Stellen Sie sich beim Schreiben einfach vor, Sie führen ein solches Gespräch – und Ihre Aufgabe ist es, dem Leser mit jedem Satz ein „Ja" zu entlocken. Auch bei schwierigen Themen.

„Sehr geehrte …
Sie sind Ingenieur. Sie leben in Augsburg. Und Sie lieben Ihre Stadt …"

„Sehr geehrter ...
Kinder haben macht viel Spaß. Aber Sie machen einem auch oft Sorgen. Hoffent-

lich ist nichts passiert, haben Sie sicher schon das ein oder andere Mal gedacht ..."

Dieser Einstieg wirkt wie eine langsame Kontaktaufnahme und sorgt für eine Bindung. Hat der Leser doch schon mehrmals „Ja" gesagt, bevor Sie Ihre Vorteile präsentiert haben. Wer nicht zur Zielgruppe gehört, wurde durch „Neins" ausgefiltert. Allerdings besteht auch eine kleine Gefahr: Wirken die Fragen allzu banal, kann es sein, dass sich Ihr Leser nicht ernst genommen fühlt und Ihr Brief im Papierkorb landet.

Vorsicht: Die Fragen dürfen nicht zu banal sein.

Einstiegstechnik Nr. 7: Der „Ich-Erzähler"

Eine seltene, sehr persönliche Form des Einstiegs und keine Wenn-Variante. Hier tritt der Schreiber stark in den Vordergrund, berichtet über persönliche Erlebnisse, die ihn von dem neuen Produkt XY überzeugten. Ein Vorteil dieser Einstiege: Die Einführung weiterer Personen und ihrer Statements hat Testimonialcharakter. Denn die Glaubwürdigkeit solcher Referenzen hängt allein an der Erzählerperson. Trotzdem ist der Grat zwischen überzeugendem Werbebrief und Märchen aus Tausendundeiner Nacht manchmal recht schmal.

Werden Sie zum „Geschichtenerzähler"!

Ein Beispiel:

„Ich möchte Ihnen eine Geschichte erzählen. Sie ereignete sich im ICE ‚Südwind'. Kein Märchen, ein Krimi, der mir die Haare zu Berge stehen ließ ...

Liebe Leserin,
lieber Leser,
es war auf der Rückfahrt von der CeBIT Hannover, der letzte ICE nach Bonn. In Hannover stieg ich zusammen mit einem sehr sympathischen Mann in ein noch leeres Abteil. Wir kamen sehr bald ins

Ihre Notizen:

....

....

`Gespräch, weil wir wohl keine Lust hatten, noch mehr Unterlagen zu lesen …"`

Der Gesprächspartner ist Gerichtsvollzieher und diskutiert mit dem Erzähler, welche Fehler Unternehmensgründer begehen – nur aus Mangel an geeigneter Information. Während der fiktiven Zugfahrt lässt der Erzähler nun weitere Referenzpersonen auftreten, die Problem und Lösung präzisieren. Das Angebot des mehrseitigen Briefes: ein Handbuch für den erfolgreichen Aufbau des eigenen Unternehmens.

Eignet sich für schlechte Nachrichten und Entschuldigungen.

Insgesamt wird diese sehr persönliche Textform häufig in Entschuldigungs-Briefen verwendet. Die Devise: dem Leser ehrlich zu sagen, warum etwas nicht funktioniert hat. So entsteht ein positiver Eindruck; entschuldigt sich doch der Ansprechpartner selbst, zeigt, dass er alles Mögliche getan hat, um eine Auslieferung zu sichern, weist auf den nächsten Termin hin und signalisiert Gesprächsbereitschaft. Das ist weit wirkungsvoller als ein unpersönlicher Formbrief, der anonym die schlechte Nachricht präsentiert.

! Zusammenfassung

Die Briefeinsteige im Überblick:

1. Der exklusive Expertenkreis
2. Das große Ziel
3. Die Mangelsituation
4. Das Erzeugen von Druck
5. Die Überraschung
6. Die Zustimmungskette
7. Der Ich-Erzähler

Der Mittelteil: So nehmen Sie den Leser mit

Weiter geht´s: Präsentieren Sie nun die Vorteile!

In der WDD-Systematik kommt mit dem zweiten Absatz die Antwort auf die zweite große Leserfrage an den Werbebrief: „Welche Vorteile habe ich?" Nun haben auch diese Antworten wie die Einstiege zahlreiche Facetten.

Ihre Notizen:

Inhalte des zweiten Absatzes wären beispielsweise:

- die Hauptvorteile Ihres neues Produkts für die Zielperson,
- eine beispielhafte Lösung durch Ihr Produkt,
- eine knapp gehaltene Vorher-nachher-Darstellung mit Betonung auf dem neuen „Nachher“
- eine persönliche Einführung durch eine Referenz
- ...

Übrigens: Vorteile für den Leser **müssen** immer vermittelt werden. Auch wenn Sie sie mit den oben genannten Themen kombinieren.

Absatz Nr. 3 lässt Ihnen nun noch mehr Raum, um den Leser zu überzeugen. Hier platzieren Sie zum Beispiel die Antworten auf die Frage „Wer beweist das?“ durch Referenzen, Testimonials oder Details zum Inhalt.

Packen Sie insgesamt jedoch nicht zu viele Fakten in einen Absatz. Die Regel: ein Thema pro Absatz, ein Gedanke pro Satz. Zu viel verwirrt den Leser, der nicht über Ihre Vorinformationen verfügt.

So führen Sie im Text zur Reaktion

Wichtig: nur ein Thema pro Absatz.

Wer Werbetexte schreibt, erwartet von seinen Lesern natürlich auch eine Reaktion. Potenzielle Kunden sollen Ihr Ladengeschäft aufsuchen, anrufen oder sofort bestellen. Und das heißt immer auch: Ihr Text muss zu dieser Reaktion hinführen. Nehmen Sie also den Leser Ihres Mailings an die Hand, führen Sie ihn durch den Brief in den Prospekt, vom Prospekt zum Antwortfax und hier zur Bestellung. Das ist nicht immer ganz einfach. Denn schließlich sollte jeder Ihrer Sätze die Zustimmung des Werbelesers erhalten. Jede Ablehnung heißt: „Nicht mehr weiterlesen.“ Deshalb setzt man gerade im Brief auf Formulierungen, die Ihnen bei der Führung des Lesers helfen. Formulierungen wie,

Führungsfloskeln nehmen den Leser an die Hand – und führen zur Reaktion.

```
„Sicher stimmen Sie mir zu ..."
„Ganz bestimmt, sagen Sie jetzt …"
„Unter Kollegen verrate ich Ihnen ..."
```

```
„Als Experte für XY/als Profi-XY wissen Sie ..."
„Wer viel arbeitet, weiß, wie wichtig Entspannung ist ..."
```

(oder Ähnliches)

Nicht nach „ja“ fragen, sondern voraussetzen.

Jede dieser Formulierungen erzeugt ein kleines „Ja“ im Kopf. Lassen Sie einem Leser wenig Chancen, „Nein“ zu denken. Deshalb gilt: Vorsicht bei Fragen wie: „Kennen Sie diese Situation?“ Solche Fragen sind nur erlaubt, wenn Sie sicher sind, dass die Antwort „Ja“ ist. Noch besser allerdings sind Formulierungen, die die Frage umgehen und das „Ja“ voraussetzen. Zum Beispiel:

```
„Sicher kennen Sie diese Situation"
oder
„Das kennen Sie mit Sicherheit".
```

Zwei Zauberwörtchen: „ja“ und „einfach“.

Zwei „magische“ Worte helfen Ihnen in allen Texten, den Leser zu führen. Es ist das „Ja“ und das kleine Wörtchen „einfach“. Mit „Ja“ nehmen Sie Zustimmung vorweg: „Ja, die Technik macht´s möglich.“ Durch „einfach“ reduzieren Sie Reaktionsschwellen: „Einfach gleich ausfüllen und abschicken!“ Zu solch einfachen Führungsfloskeln gehören auch noch die kleinen Wörtchen „gerne“, „gleich“, „direkt“ und, und, und.

Mehr zu diesem Thema haben Sie vielleicht schon im Kapitel 4 gelesen. Damit Ihr Brief gelingt, sollten Sie nun noch den richtigen Ausstieg finden …

! Zusammenfassung von Kapitel 6

Dieses Kapitel hat Ihnen verschiedene Techniken für den ersten Absatz im Brief gezeigt. Probieren Sie doch die ein oder andere einfach einmal aus. Sie werden sehen, der Text wirkt gleich ganz anders. Auf den folgenden Seiten geht es um den Endspurt im Brief. Wie Sie Ihren Leser kreativ, persönlich und wirkungsvoll verabschieden, lesen Sie in Kapitel 7.

Kapitel 7

Ausstieg und PS: So gelingt der Endspurt im Brief

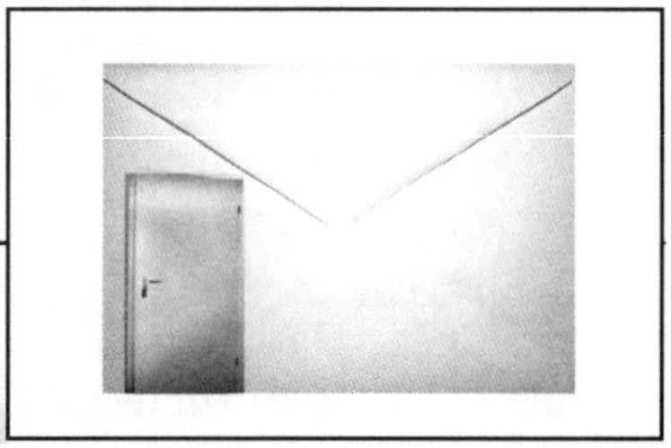

Dieses Kapitel verrät, …

… Musterformulierungen zu Ausstieg und PS, die funktionieren,

… Floskeln, die kein Leser braucht und eine kleine Liste, um aktiv „auszusteigen“,

… was außer den „freundlichen Grüßen“ am Briefende sonst noch machbar ist.

Ausstieg: Der letzte Eindruck zählt

Verabschieden Sie sich von der „Floskelei“!

Führen, führen, führen! Diese Devise des Verkaufstextes gilt natürlich auch für den letzten Absatz Ihres Werbebriefes. Doch so vielversprechend manche Briefe auch beginnen – zum Ende hin verfallen viele Texter wieder in Floskelei. Da stehen Sie dem Leser „gerne zur Verfügung“ und „würden sich über eine Zusammenarbeit freuen“. Das übliche Blabla eben. Schwach, wenig konkret und so gar nicht verkäuferisch.

1000-mal gehört – 1000-mal ist nichts passiert ...

Wir leben und arbeiten im Computer-Zeitalter. Floskeln und Redewendungen stehen per Tastendruck auf Abruf. Das macht die Arbeit zwar schnell und einfach, aber es hat auch einen großen Nachteil: Unpersönlichkeit. Heute basieren Serienbriefe, Serien-E-Mails, aber auch die Korrespondenz meist auf standardisierten Textbausteinen. Jeder Leser bekommt in jedem Brief die altbekannten Phrasen vorgesetzt, die wir – weil's bequem ist – auch in der E-Mail übernehmen. Der Schluss vieler Verkaufsbriefe liest sich so, als wäre dem Texter auf den letzten Metern die Luft ausgegangen. Oder vielmehr die Lust? Mit derselben Sorgfalt, mit der Sie beginnen – indem Sie Ihr Angebot oder Anliegen präsentieren – sollten Sie Ihren Brief auch beenden.

Führen Sie weiter!

Der letzte Eindruck zählt genauso wie der erste.

Der Einstieg und der Ausstieg zählen ganz besonders, lernt man im Präsentationstraining. Das gilt auch für den Brief. Nun geht es darum, welchen letzten Eindruck Sie hinterlassen. Erreichen Sie Ihr Ziel? Ein gelungener letzter Absatz sagt dem Leser wo's langgeht, informiert, was Sie von ihm erwarten, und sagt ihm ganz genau, was er jetzt tun soll …

Nennen bzw. beschreiben Sie konkret die geforderte Reaktion am Ende des Briefes. Denn nach Ihrer Produkt- oder Firmenpräsentation soll ja nun der Leser aktiv werden:

Lassen Sie sich die vielen Vorteile des neuen (Produktname) nicht entgehen. Bringen Sie die beiliegende Faxantwort einfach noch heute auf den Weg. Schon nach wenigen Tagen erhalten Sie dann ...(Ihr persönliches Exemplar).

Ihre Notizen:

....

....

Mit freundlichen Grüßen

Machen Sie ein telefonisches Beratungsangebot:

So einfach beginnt Ihr Dialog mit (Firmenname)
Sicher wollen Sie nun ganz genau erfahren, was (Firmenname) Ihnen bieten kann. Nichts einfacher als das: Wählen Sie Tel. 00 / 00 00 und sprechen Sie mit Frau Christine Schneider. Wir freuen uns auf Ihren Anruf!

Weisen Sie auf die einfache Bestellung oder die unkomplizierte Lieferung hin oder erwähnen Sie den beiliegenden Prospekt in dem alle Vorteile nochmals ausführlich dargestellt sind:

Endspurt: Geben Sie noch einmal alles!

Sicher wollen Sie jetzt mehr über (Produktname) erfahren. Der beiliegende Prospekt verrät Ihnen wie´s weitergeht. Schauen Sie doch gleich einmal hinein.

Mit freundlichen Grüßen

Geben Sie Ihren Lesern zum guten Schluss noch einmal Sicherheit durch Wiederholung des wichtigsten Verkaufsarguments:

Kontrollieren Sie: Wie klingt Ihr letzter Absatz?

Spitzentechnologie, faire Preise und kompetenter Service sind eben Ihre Pluspunkte bei (Firmenname). Den Beweis treten wir gerne an! Einfach anrufen!

```
Herzliche Grüße aus (Firmensitz)
Ihr
```

Floskeln, die kein Leser braucht: So sagen Sie es treffender

„... stehen wir Ihnen gerne zur Verfügung"

Abwechslung ist gefragt.

Eine beliebte Abschlussfloskel in Anschreiben aller Art. Sätze wie diesen hat Ihr Kunde schon so oft gelesen, dass er sie nur noch überfliegen wird. Dass Sie bei Fragen „zur Verfügung stehen" ist etwas Selbstverständliches, wie das tägliche „Guten Morgen" im Betrieb. Betrachten Sie in dieser Hinsicht doch mal Ihre Geschäftskontakte wie eine Liebesbeziehung. Wenn Sie Ihrem Partner immer mit denselben Worten sagen, dass Sie ihn lieben, bewirken Sie damit irgendwann kaum noch etwas. Mit Floskeln im Geschäftsbrief verhält es sich ein wenig wie mit der abgedroschenen Liebeserklärung. Deshalb haben Sie auf den vorangegangenen Seiten bereits einige Ausstiegs-Alternativen gelesen.

So sagen Sie es besser: Werden Sie aktiv!

Nur eine aktive Sprache aktiviert den Leser.

„Bei Fragen stehen wir Ihnen gerne zur Verfügung." Diese Floskel sagt auch etwas über den Schreiber: Er verhält sich passiv! Er ist zwar für seinen Kunden da, aber fordert ihn in keiner Weise dazu auf, Kontakt aufzunehmen oder sich zu informieren. Fatal für jeden Verkauf! Denn hier müssen Sie Ihrem Kunden sagen, was nun kommen soll. Schreiben Sie besser:

```
„Rufen Sie einfach an! Wir freuen uns
auf das erste Gespräch!"
```

Das klingt deutlich engagierter, denn so gehen Sie einen Schritt auf Ihren Leser zu. Sie fordern ihn dazu auf, aktiv zu werden und Ihre Nummer zu wählen.

Bilder im Kopf

Was Sie lesen, erscheint bildhaft vor Ihrem geistigen Auge.

Nutzen Sie dieses Phänomen, um Ihren Kunden das Bild einer erfolgreichen Zusammenarbeit in den Kopf zu setzen! Aus dem zögerlichen „Über eine Zusammenarbeit würden wir uns freuen“ wird ein positiv stimmendes „Wir freuen uns auf die Zusammenarbeit“. So signalisieren Sie Ihrem Leser nicht nur, dass Sie wirklich an einer Kooperation mit ihm interessiert sind. Sie schaffen Fakten, die noch keine sind – es klingt, als wären Sie schon miteinander im Geschäft. Der Leser/Kunde sieht das „richtige“ Bild.

Also überprüfen Sie Ihre **Konjunktive**. „Ich würde meinen“ heißt noch lange nicht: „Ich meine“. Auch der übermäßige Gebrauch von **modalen Hilfsverben** setzt nicht das richtige Bild in den Kopf Ihres Lesers. „Können“, „müssen“, „möchten“, „dürfen“ bleiben auf halbem Wege stehen. Aus „Über eine Antwort würden wir uns freuen!“ machen Sie künftig ein „Wir freuen uns auf Ihre Antwort!“.

Streichen Sie überflüssige Hilfsverben und Konjunktive!

FALSCH	RICHTIG
„... würden wir uns freuen ...“	„... freuen wir uns ...“
„... können Sie jetzt bestellen ...“	„Bestellen Sie jetzt ...“
„... möchten wir Sie als neuen Kunden begrüßen“	„Wir begrüßen Sie herzlich als neuen Kunden!“/ „Herzlich willkommen als neuer Müller-Kunde!“

Die Ausnahmen: „Können“ bleibt, wenn Sie es im Sinn von „die Fähigkeit haben“ gebrauchen, „müssen“ bei einem echten Zwang. Ansonsten haben Hilfsverben ihre Berechtigung, wenn Sie sehr, sehr höflich schreiben oder Aussagen relativieren (zum Beispiel in Bedienungsanleitungen: „... Bei übermäßigem Gebrauch *kann* ein Feuer ausbrechen.“).

Die Ausnahmen von der Regel: „Können“ darf stehen bleiben, wenn es im Sinne von „die Fähigkeit haben“ gebraucht wird.

Die Abschiedsfloskel: Was neben den „freundlichen Grüßen" noch alles machbar ist

Variieren Sie doch einmal Ihre Abschiedsfloskel!

Auch hier gehen viele Texte kaum über das standardisierte „Mit freundlichen Grüßen" hinaus. In der Regel sind das zwei Klicks im Textprogramm – Einfügen, Auto-Text, Grußformel –, und das weiß auch Ihr Kunde. Natürlich lässt sich eine standardisierte Verabschiedung bei Massen-Mailings kaum umgehen. Wichtig ist hier: Die „freundlichen Grüße" sind immer richtig. Sie sind „Standard" und irritieren Ihre Leser wenigstens nicht. Sie erzeugen aber auch keine große Aufmerksamkeit, hinterlassen keinen bleibenden positiven Eindruck.

Mit ein wenig Überlegung können Sie Briefe und E-Mails ganz einfach noch persönlicher machen: Ändern Sie doch ab und zu Ihre Abschiedsfloskel. Wünschen Sie dem Leser zum Abschied schöne Ostern oder frohe Weihnachten oder lassen Sie einfach Ihren Charme spielen!

Alternativen für Ihre letzte Zeile im Brief.

Weitere Vorschläge:

Guten Rutsch ins neue Jahr ...
Eine schöne vorweihnachtliche Zeit ...
Mit besten Grüßen aus Augsburg ...
Einen schönen Sommer wünscht Ihnen ...

Suchen Sie nach einer Besonderheit Ihrer Firma oder Zielgruppe!

Weitere Chancen ergeben sich je nachdem, in welcher Branche Sie tätig sind. So kann die Schokoladenfirma eine „süße Weihnachtszeit" wünschen. In jedem Fachgebiet finden sich Möglichkeiten, genau auf Ihre Zielgruppe einzugehen.

Werden Sie ab und zu ganz persönlich ...

Beim Erstkontakt empfiehlt es sich, Grußwort und Abschied formell zu halten. Sobald Sie Ihren Leser aber schon eine Weile kennen gilt: Je persönlicher, desto besser. Ein persönlicher Satz im Brief oder eine kurze Mail zeigen Ihrem Leser, dass er eine individuelle Persönlichkeit für Sie ist – und nicht „irgendjemand aus der Kundenkartei“. Achten Sie mal darauf: Sie werden erstaunt sein, wie viele Möglichkeiten sich durch Gespräche und Briefkontakte finden, Ihre Kunden persönlicher anzusprechen. Wünschen Sie einen schönen Urlaub, gratulieren Sie kurz zum Baby oder zur Beförderung. Die Möglichkeiten sind vielfältig.

Eine persönliche Geste beeindruckt Ihren Leser.

Einen angenehmen Messeaufenthalt in Madrid ...
Viel Erfolg mit dem neuen Großprojekt ...
Ich wünsche Ihnen einen stressfreien Umzug …

Praxistipp „persönlich“

Ganz besonders beeindrucken Sie Ihren Leser natürlich, wenn Sie an seinen Geburtstag denken. Der sollte Ihnen dann eine eigene Mail oder eine eigene Karte wert sein. Und bitte meiden Sie bei einer Gratulation wie bei einem Danke jeden ausdrücklichen Verkauf. Ihre schöne persönliche Geste würde dadurch einfach entwertet.

Happy Birthday!

Ein freundlicher Abschied: das PS

Viel zu oft wird es vernachlässigt: das PS. Und notwendig ist es längst nicht mehr. Doch wenn Sie sich für ein PS entscheiden, hat es in Werbebriefen eine ganz besonders wichtige Funktion. Denn das PS ist unter Umständen der Briefabsatz, welcher zuerst gelesen wird.

Die Erklärung für dieses Phänomen ist ganz einfach: Wer seine Werbepost öffnet, überfliegt die einzelnen Bestandteile in wenigen Sekunden von links oben nach rechts unten. Erst wenn das Interesse des Betrachters geweckt ist, beginnt er gründlicher zu lesen. Und weil wir zuerst die Informationen aufnehmen, die am einfachsten auszuwerten sind, beginnt der Lesevorgang – das Auge ist jetzt rechts unten – mit dem kürzesten und erreichbaren Briefabsatz. Und das ist das PS. Platzieren Sie im PS deshalb unbedingt nochmals ...

Oft fällt der erste Blick auf das PS.

Ihre Notizen:

....

....

- **einen Zusatzvorteil, der zum Weiterlesen motiviert:**
  `Übrigens: Mit dem Zusatzkapitel „Texten im Internet" finden Sie schnell den Einstieg in die Optimierung Ihrer Website.`

- **eine freundliche Bestellaufforderung:**
  `PS: Am schnellsten gehen Ihre Wünsche in Erfüllung, wenn Sie per Telefon bestellen. Einfach anrufen: Telefon 999999.`

- **einen der Hauptvorteile:**
  `PS: Wer schnell anruft, profitiert von tollen Einführungspreisen. Bestellen Sie Ihr neues (Produktname) einfach und direkt unter 999999.`

- **ein Beratungsangebot**:
  `PS: Noch mehr über den neuen xy3000 erfahren Sie beim ersten Anruf. Wählen Sie einfach 99999!`

Nutzen Sie das Potenzial des PS!

Das PS ist also nicht mehr das altehrwürdige Postskriptum, entstanden in einer Zeit, als es noch keine DEL-Taste oder Möglichkeiten des Überschreibens gab. Da schrieb man ins PS, was einem nach Briefabschluss noch einfiel. Deshalb Postskriptum, das „Nachgeschriebene". Das moderne PS im Werbebrief ist etwas anderes: Es ist eine Chance, Vorteile prominent zu platzieren, Begehrlichkeiten zu wecken, Adressaten mit den ersten aufgenommenen Zeilen zum Weiterlesen zu motivieren.

Zusammenfassung von Kapitel 7

> Kapitel 7 hat Ihnen gezeigt, wie Sie auch auf den letzten Zeilen Ihres Briefes einen guten Eindruck hinterlassen. Sie haben erfahren, dass abgedroschene Abschiedsfloskeln schon lange nicht mehr imponieren. Auch die Rolle des PS als extra „Response-Joker" kennen Sie nun. haben Sie kennengelernt. Überprüfen Sie nun einfach den letzten Absatz Ihres Briefes und ersetzen Sie die Floskelei durch treffendere Formulierungen aus diesem Buch.

Kapitel 8

Live dabei: die häufigsten Fragen zum Werbebrief

Dieses Kapitel verrät, …

… den richtigen Umgang mit buntem Briefpapier, Aufzählungszeichen und Hervorhebungen.

… Wichtiges über Briefmarken, den handschriftlichen Umschlag und die persönliche Note für Ihren Brief.

… mehr über Prospekte, Dienstleister und zweistellige Responsequoten.

Der Teufel steckt im Detail

Ihre Fragen aus der Praxis.

Gerade in Werbebriefen sind es oft Kleinigkeiten, die einen Texter ins Grübeln bringen. Wie bekommt der Brief eine persönliche Note? Muss man einen Prospekt beilegen? Wie steht's mit buntem Briefpapier? Auch in den Texterseminaren sorgen diese Details häufig für Kopfzerbrechen. Dieses Kapitel beantwortet Fragen aus der Praxis. Deshalb finden Sie hier als kleine Ergänzung häufige Fragen und Antworten zum Thema „Brief".

??? Frage

Was halten Sie von buntem oder gestaltetem Briefpapier?

!!! Antwort

Zu buntes Papier ist tabu.

Ein Brief muss aussehen wie ein Brief. Bitte denken Sie daran: Wenn ein Briefformular aus dem Umschlag Ihrer Werbepost fällt, gibt dieser Brief dem Empfänger ein Signal: „Ich bin eine persönliche Botschaft für Dich." Denn wir haben seit der Goethezeit gelernt: Briefe sind Gespräche auf lange Distanz. Hier spricht ein Mensch mit einem anderen. Deshalb ist das Leitbild des Werbebriefes immer noch der persönliche Privatbrief.

Das heißt, das Signal „persönliche Botschaft" wird nur gesetzt, wenn der Brief als solcher erkannt wird. Vermittelt er durch seine Gestaltung eher den Eindruck einer Produktinformation, verlieren wir also ein wichtiges Signal auf dem Weg zur Reaktion.

Seien Sie also vorsichtig mit zu bunten Briefgestaltungen. An Geschäftskunden gilt die Grundregel: Weniger ist mehr. Doch auch im Privatkunden-Bereich muss ein bunter Brief weiterhin aussehen wie ein Brief. Und das verbietet zu bunte, zu farbige Gestaltungen und zu viele verschiedene Schriftgrößen.

??? Frage

Wie kann ich nicht personalisierte Briefe trotzdem mit einer persönlichen Note versehen?

!!! Antwort

Natürlich ist die Adressierung und Ansprache mit Namen die persönlichste Form, Ihre Zielgruppe anzusprechen. Sollte dies einmal nicht möglich sein, nutzt man andere Techniken des Direktmarketings, die ihren Erfolg in vielen Tests bewiesen haben:

1. „Johnson-Box"

Der „Erfinder", ein amerikanischer Werber, hatte folgende Idee: Da wir daran gewöhnt sind, in der linken oberen Ecke (bei Werbebriefen auch rechts oben) unsere Anschrift zu finden, ist hier durch diese Gewohnheit ein Platz mit hoher Aufmerksamkeit beim Einstieg in den Brief. Warum nicht bereits hier eine Vorteils-Botschaft platzieren?

Nutzen Sie die Anziehungskraft der linken oberen Ecke!

Über die Anschrift schreiben Sie beispielsweise:

```
„Dieser Brief zeigt, wie Sie ganz ein-
fach Texte schreiben, die verkaufen …"
```

2. Die Schein-Personalisierung

Neben der Johnson-Box als „Ersatzanschrift" können Sie auch in der nicht personalisierten Anrede „persönlich werden". Standard wäre hier die Formulierung „Sehr geehrte Damen und Herren". Sie schreiben:

Der Trick: Ein gemeinsames Merkmal Ihrer Leser personalisiert.

```
„Liebe Leser" oder „Liebe Leserin,
lieber Leser"
„Sehr geehrte Müller-Kunden"
„Lieber Briefmarkenfreund"
```

Die Idee der Schein-Personalisierung: Suchen Sie ein verbindendes Merkmal und gehen Sie näher an Ihre Zielgruppe heran.

3. Sprechen Sie Ihre Leser direkt an ...

Pronomen sind die Ersatznamen Ihres Lesers.

Im persönlichen Gespräch sprechen wir unsere Gesprächspartner direkt an. „Sie", „Ihr", „Ihnen" geben einem Gegenüber das Gefühl, dass er gemeint ist. Nutzen Sie diese Technik auch im Brief:

„Liebe Leserin, lieber Leser, ...

das haben Sie sicher schon erlebt: Ein Mailing „5 vor 12", Ihr Text sollte schon gestern abgegeben sein und Ihr Chef verlässt sich ganz auf Ihr Gespür für die Zielgruppe ..."

??? Frage

Werden Briefe eher gelesen, wenn sie ganz persönlich aussehen, also der Umschlag handschriftlich beschriftet und die Briefmarke draufgeklebt ist?

!!! Antwort

Handschrift wirkt immer persönlich.

Je persönlicher ein Brief, desto bessere Chancen hat er. Aber achten Sie hier zunächst auf Ihre Zielgruppe: Im geschäftlichen Kontakt ist ein handschriftlich beschrifteter Brief eher Makel als Empfehlung (es sei denn, Sie wenden sich wirklich ganz persönlich an den Chef). Dazu kommt, dass Geschäftsbriefe oft schon im Sekretariat des Entscheiders geöffnet werden und der den Umschlag selten erhält. Im Privatbereich wirkt die Handbeschriftung mit Sicherheit „ganz persönlich".

Allerdings sollten Sie hier einen weiteren, ganz wichtigen Punkt beachten: Wenn Ihr Umschlag sagt „ganz persönlich" sollte er auch eine „ganz persönliche" Botschaft enthalten. Entdeckt der so Angeschriebene nun einfach eine Werbebotschaft, löst Ihr Schreiben eher Antipathie aus. Sie haben sich „unter Vorspiegelung falscher Tatsachen" ein Stück der knappen Zeit Ihrer Zielperson erschlichen. Eine schlechte Voraussetzung für Geschäfte.

Zur Briefmarke: Oft ist es einfach eine Kostenfrage, ob Sie Ihre Infopost mit Klischee frankieren oder sich für die Marke entscheiden. Eine Briefmarke erhöht natürlich die Wertigkeit eines Briefes für den Leser. Wenn Sie sehr elitäre Zielgruppen in wirklich kleinen Kreisen anschreiben und der gesamte Eindruck Ihres Werbebriefes „hochwertig" sein muss, lohnt sich ein Test. Überlegen Sie jedoch auch hier: Wird Ihr Brief mit Marke im Geschäftsbereich überhaupt beim Entscheider landen oder wird der Umschlag im Sekretariat entfernt? Wenn ja, verzichten Sie auf die Investition.

Die teure Briefmarke nur für „teure" Kunden.

??? Frage

Oft lese ich in der Literatur von zweistelligen Responsequoten. Meine Werbebriefe bringen nie mehr als 1% Rücklauf. Sollte ich deshalb auf andere Werbeformen umsteigen oder ist das normal?

!!! Antwort

Vor allen Responsequoten sollten Sie sich eine entscheidende Frage beantworten: Sind Ihre Aktionen erfolgreich? Das heißt: Decken die Produktverkäufe durch eine Mailing-Aktion die Kosten der Aktion und bleibt Ihnen nach Abzug dieser Kosten noch ein Gewinn? Wenn ja, ist Ihr Direktmarketing erfolgreich. Nun sollten Sie Ihr Mailing optimieren. Zum Beispiel mit den vielen Tipps aus diesem So-geht's-Buch.

Wichtiger als die Quote ist der Erfolg der Aktion.

Responsezahlen weisen abhängig von Angebot, Ziel und Zielgruppe große Unterschiede auf: So wird das Angebot einer nützlichen Gratisbroschüre mehr Reaktionen bringen als der Verkauf eines teuren Produktes. Viele Branchen liegen im Produktverkauf pro Mailing deutlich unter 1%. Trotzdem wird hier Direktmarketing eingesetzt und eine Aktion so kalkuliert, dass man bereits mit 0,5% den Punkt der Kostendeckung erreicht. Bedenken Sie auch: Aktionen an Kunden bringen immer mehr Reaktionen als Aktionen an Nichtkunden. Denn Ihre Kunden kennen Sie schon, sie haben gute Erfahrungen mit Ihnen gemacht, kennen Ihr

Firmenlogo und öffnen Ihre Briefe vor anderen Werbebriefen.

??? Frage

Muss ich immer gleich einen Prospekt beilegen oder reicht ein einfaches Antwortelement?

!!! Antwort

Wann immer es geht: Legen Sie einen Prospekt bei.

Ein Antwortfax zum Beispiel reicht aus, wenn ein Brief genügt, um die Vorteile Ihres Angebots für den Leser deutlich zu machen und ihn zur Reaktion zu motivieren. Ein Prospekt übernimmt ja in der Regel eine wichtige Funktion des Verkaufsgespräches. Der Prospekt ist das Schaufenster, die Produktpräsentation, die dem Leser Gelegenheit gibt, die vielen Vorteile Ihres Angebots kennenzulernen. Und damit ist er eine Chance für Sie. Wenn die Portogrenze also die Beilage eines (auch kleinen) Prospektes zulässt, nutzen Sie diese Chance.

??? Frage

Wie mache ich Hervorhebungen kenntlich?

!!! Antwort

Führen Sie den Leser zum Vorteil – am besten mit Fettdruck!

Um Besonderes im Text zu betonen, haben Sie mehrere Möglichkeiten. Die häufigsten sind **Fettdruck** oder Unterstreichung. Beide eignen sich gut, um Schlüsselbegriffe hervorzuheben. Aber Vorsicht bei unterstrichenen Wörtern. Sie signalisieren mittlerweile „Hyperlink" und sagen dem Leser: Im World Wide Web geht's weiter.

Für jede Art der Hervorhebung gilt: Betonen Sie nur wenige Wörter oder einzelne Schlüsselbegriffe – nicht die ganze Zeile. Denn: Der Effekt der Hervorhebung geht verloren. Schließlich soll der Leser durch eine Hervorhebung auf einen besonderen Vorteil aufmerksam werden. Und noch ein Tipp: Verwenden Sie nur eine Art der Hervorhebung. Alles andere könnte den Leser verunsichern.

??? Frage

Ich würde gerne mit Aufzählungszeichen in meinem Mailing arbeiten. Ist es egal, welche ich verwende?

!!! Antwort

Gehen Sie sparsam mit Aufzählungszeichen um. Der Brief verliert schnell seine ursprüngliche Form. Als Blickfang sind Aufzählungszeichen eine gute Methode, dem Leser Vorteile zu zeigen. Und: Sie unterstützen damit Übersichtlichkeit und Text-Struktur. Doch Vorsicht bei der Auswahl der Zeichen! Nehmen Sie keine zu großen Kreise, Grafiken oder Ähnliches. Große Symbole haben die Wirkung von Bildern. Sie ziehen das Auge an und lenken vom Text ab. Der gewünschte Blickverlauf wird durch „falsche“ Aufzählungszeichen gestört. Am besten, Sie bleiben bei Zeichen, die sich ohnehin aus dem Satzspiegel ergeben wie

- Punkte oder
- Spiegelstriche.

Auch möglich: Platzieren Sie Ihre Vorteile neben Aufzählungszeichen!

Verwenden Sie aber nicht zu viele Aufzählungszeichen hintereinander. Denn wenn Ihr Text aussieht wie ein Datenblatt, verliert er das Erscheinungsbild eines Briefes und damit das Signal „persönlich“.

Immer abwechselnd: Text, Aufzählungszeichen, Text, ...

Praxistipp Aufzählungszeichen

Beschränken Sie Ihre Aufzählungszeichen auf maximal drei oder vier nacheinander. Danach sollte wieder ein normaler Textblock folgen. So bleibt das Erscheinungsbild eines Briefes erhalten.

So nicht:

Besser so:

Zusammenfassung von Kapitel 8

Ein „praktisches“ Kapitel: Denn hier haben Sie häufige Fragen und Antworten aus den Texterseminaren kennengelernt. Vielleicht hat Ihnen das ein oder andere Detail auch schon einmal Kopfzerbrechen bereitet. Jetzt wissen Sie, wie Sie Briefe personalisieren, mit Aufzählungszeichen arbeiten oder Hervorhebungen kennzeichnen.

Kapitel 9

Ein Schlusswort, das ein Anfang ist ...

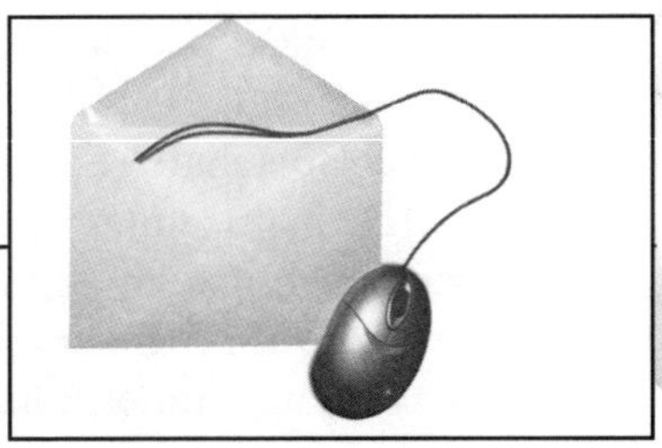

Dieses Kapitel verrät, ...

... wo uns Briefe in neuen Kleidern begegnen,

... wie Sie Briefelemente im Versandhandel einsetzen,

... welche Tipps auch für den E-Mail-Newsletter gelten.

Zum Schluss: Der Brief in neuen Kleidern …

Von Goethe bis in den E-Mail-Newsletter: Der Brief ist stets präsent.

Briefe, Briefe, Briefe. Überall begegnen sie uns. Sogar in Medien, die auf den ersten Blick nicht das Geringste mit dem Brief zu tun haben: In den Katalogen der Versandhändler, als Editorials in Kundenzeitschriften und sogar in verkürzter Form zu Beginn des E-Mail-Newsletters. Warum ist das so? Sind diese speziellen Briefformen notwendig oder Unsinn? Das letzte Kapitel Ihres Buches dreht sich also um Briefe in ganz speziellen Verkleidungen …

Der Begleitbrief im Versandhandel

Briefelemente werten auch den Prospekt auf.

Was ein Brief ist, haben Sie in diesem Buch sehr ausführlich gelesen. Diese persönliche Botschaft mit einer langen Vergangenheit seit Goethe stempelt immer dann ein „Persönliche Botschaft"-Signal in unser Gehirn, wenn sie auftaucht. Deshalb nutzt man Briefelemente, um auch andere Medien mit dem Signal „persönlich" an die Leser heranzubringen. Zum Beispiel im Versandhandel. Blättern Sie durch Versandhandelskataloge, finden Sie ganz vorne, meist auf der ersten Innenseite, einen Brief des Geschäftsführers, Gründers, Verantwortlichen. Wenn Sie Kataloge entwickeln, verzichten Sie nicht darauf! Dieser Editors-Letter, auch Chairmans-Letter oder Owners-Letter, hat eine strategische Doppelfunktion. Und dabei ist zweitrangig, was im Brief steht.

Im „Katalogbrief" gilt: Inhalt ist Nebensache, Form und Optik sind Hauptsache.

Ja! Richtig gelesen. Der Inhalt ist zweitrangig. Denn der Brief im Katalog wird eher nicht gelesen. Aber er wird gesehen. Er ist reine Psychologie. Er hat durch seine Signalwirkung die Aufgabe zu sagen: „Dieser Katalog ist für dich persönlich." Auch hier setzt man also auf die Signalwirkung der Briefform. Wenn der Betrachter nun durch Hervorhebungen noch ein oder zwei Vorteile mitnimmt: ein zusätzlicher Nutzen. Allerdings geben Katalogbriefe nur das Signal „persönlich", wenn sie noch aussehen wie ein Brief. Deshalb wählen einige Kataloganbieter für den Brief sogar noch immer die Courier als klassische Briefschrift und setzen eine eigenhändige Unterschrift darunter. Hüten Sie sich davor, zu stark ins Layout eines Briefes einzugreifen. Gerade der Katalog verführt dazu, weil er ja auf den anderen Seiten von bunter Gestaltung, vielen Bildern und Vierfarbendruck lebt. Aber ein Brief, der zu stark „gestaltet“ wurde, wird unter Umständen nicht mehr als Brief erkannt. Und damit verliert er das wertvolle Signal „persönlich“.

Ein Muss: das Bild des Chefs.

Ein Gestaltungselement darf im Katalogbrief allerdings nicht fehlen: das Bild des Gründers, Geschäftsführers, Verantwortlichen. Dieses Bild soll sagen: Hier steht ein Mensch dahinter. Und die Person soll natürlich auch Vertrauen aufbauen. Gerade wenn sie sympathisch wirkt, Vertrauen und Seriosität ausstrahlt, haben Sie viel gewonnen. Denn von diesem Eindruck profitiert der Gesamtkatalog.

Das Editorial der Kundenzeitung

E|di|to|ri|al 1 Vorwort (in einer Fachzeitschrift) **2** Leitartikel (einer Zeitung) **3** → **Impressum** [➔ Editor], (Bertelsmann Wörterbuch)

Lassen Sie Ihrer Meinung ruhig einmal freien Lauf!

Kein Brief – und doch ein Brief. Zumindest in der Kundenzeitschrift als persönliches Geleitwort des Chefs mit Bild und persönlicher Unterschrift. Oder in Fachzeitschriften, wenn Herausgeber oder Chefredakteur persönlich ins Thema einführen. Die Stärke der Editorials: Sie geben nicht nur eine thematische Einführung, sondern lassen mal mehr, mal weniger auch der subjektiven Wertung des Schreibenden Raum. Auch hier sagt ein Chefredakteur „ich“ oder „wir“ und kommentiert aus durchaus eigener Warte, während im Innenteil der Zeitschrift wieder das „Diktat des Faktischen“ regiert. Nachzulesen zum Beispiel in vielen launigen Editorials des Focus-Chefredakteurs Helmut Markwort. Der – egal ob man nun derselben Meinung ist – manchmal wohltuend mit seiner Meinung so gar nicht hinter dem Berg hält.

Wenn Sie also eine Kundenzeitung entwickeln: Sagen Sie „ja“ zum Editorial. Und riskieren Sie es ruhig: Ihr Bild und den klaren Standpunkt. (Quelle: Focus 27/2007)

TAGEBUCH

Chefredakteur Helmut Markwort

Ein Minister ohne Niveau

DIENSTAG

Mit Freude und Vergnügen studieren wir eine Statistik. Sie heißt abgekürzt LAE 2007 und in der Langfassung „Leseranalyse Entscheidungsträger“. Die Analyse ermittelt alle zwei Jahre, welche Zeitungen und Zeitschriften die 2,3 Millionen Führungskräfte und Entscheider in Deutschland lesen. 29 Zeitungen und Zeitschriften mit Qualitätsanspruch gingen ins Rennen, und – deswegen freuen wir uns – FOCUS liegt auf Platz eins, ist also bei den so genannten Entscheidern das meistgelesene Blatt. 30,1 Prozent (680000) von ihnen lesen FOCUS, auf Platz zwei folgt der „Spiegel“ (28,0 %). Bei den Tageszeitungen liegen „Handelsblatt“ (12,7 %) und „Frankfurter Allgemeine“ (11,6 %) an der Spitze.

In den fünf Gruppen steht der Wettbewerb zwischen FOCUS und „Spiegel“ 4:1. FOCUS liegt auf dem ersten Platz bei den freien Berufen, den Vorständen, Geschäftsführern, Direktoren und Betriebsleitern, bei leitenden Angestellten und bei Selbstständigen. Der „Spiegel“ führt bei den Beamten.

MITTWOCH

Da Politiker häufig in Fernsehen und Radio sprechen und sich in Interviews in Zeitungen und Zeitschriften äußern, wirken sie nicht nur an der politischen Willensbildung mit, sondern ganz wesentlich auch an der Entwicklung der deutschen Sprache. Sie bereichern den Wortschatz durch kreative Schöpfungen oder sie engen ihn ein durch häufige Verwendung von Fertigphrasen. Oft senken sie auch das Niveau, indem sie Gegner und Andersdenkende beschimpfen und beleidigen.

In dieser Kategorie ist heute der Bundesumweltminister Sigmar Gabriel durch extreme Primitivität aufgefallen. Er hat Jürgen Hambrecht, den Vorstandsvorsitzenden der BASF, einen „Wirtschaftsstalinisten“ genannt. Für diese Entgleisung muss er sich schämen. Die Qualifizierung „Wirtschaftsstalinist“ ist in der Sache nicht zu begründen und im Stil eine Ungeheuerlichkeit. Weil der Wirtschaftsmanager in der Klimapolitik andere Positionen vertritt als der SPD-Politiker, belegt ihn der mit dem Namen eines der übelsten und grausamsten Massenmörder der Weltgeschichte.

Das ist keine Wortgewalt, sondern Gewalt mit Worten. Wenn ein Mitglied der politischen Oberschicht, einer, der zur Elite des Landes gehören möchte, sprachlich und gedanklich so draufknüppelt auf einen Gegner, wie sollen dann Basis und Volk lernen, sich faktenbezogen und fair auseinander zu setzen?

Der Mechanismus funktioniert doch meist so, dass unten noch einmal vergröbert wird, was oben halbwegs geschliffen formuliert wird. „Wirtschaftsstalinist“ ist kaum zu steigern. Das Wort weckt die Assoziation Verbrecher. „Wirtschaftsstalinist“ sät Hass, scheinbar berechtigten Hass gegen einen, der seine Ziele skrupellos verfolgt – wie Stalin.

Diffamiert Andersdenkende mit primitiver Beleidigung: Umweltminister Sigmar Gabriel

Sigmar Gabriel muss sich sogar den Vorwurf gefallen lassen, er habe den BASF-Chef vorsätzlich diffamiert. Ihm müssen nämlich pädagogische Vorbildfunktion, Verantwortung und Sprachgefühl vertraut sein. Bevor er in die Politik ging, war Gabriel Lehrer in Goslar, unterrichtete ausgerechnet Deutsch und Gemeinschaftskunde.

FOCUS 27/2007

LIEBE LESERINNEN UND LESER,

entscheiden Sie sich im Supermarkt-Regal auch gerne für einen Markenartikel, selbst wenn direkt daneben ein vergleichbares Produkt zum günstigeren Preis angeboten wird? Was sich hinter der Wirkung starker Marken versteckt und welche psychologischen Mechanismen sich die moderne Markenführung zunutze macht, lesen Sie in der Titelgeschichte dieser Ausgabe von crossmedial. Weniger um Psychologie, dafür um direkt greifbare Erlebnisse geht es bei den so genannten „Fühlbüchern" von sachsendruck auf Seite 10. Der interessante Kinderbuch-Typ ist neu im Leistungsportfolio der Plauener Pappebuch-Spezialisten. Und wenn wir gerade beim Thema Leistung sind: Auf Seite 9 erhalten Sie einen Einblick in den Ausbau unseres Tiefdruckstandortes Freudenstadt. Mit einer Vergrößerung des Maschinenparks sorgt broschek rollenoffset für neue Möglichkeiten in der wirtschaftlichen Inline-Produktion und die Weiterverarbeiter der d.v.n. in Nürnberg berichten über rekordverdächtige Leistungen mit einem neuen Klebebinder – zu lesen auf den Seiten 9 und 10. Und es gibt einen Neuen in der schlott gruppe: biegelaar. Auf Seite 10 stellen wir Ihnen den zweitgrößten Tiefdrucker der Niederlande vor. Ein innovatives Unternehmen, wie Sie sich auf Seite 11 überzeugen können: Die von biegelaar angebotene „CommCard" eröffnet vielseitige Möglichkeiten in Sachen Kundenaktivierung – vielleicht ja auch für Sie interessant?

Eine spannende Lektüre wünscht Ihnen

Bernd Rose, Vorstandsvorsitzender

: FUNDSTELLEN

HANDELSPROSPEKTE IM TEST

Handelsprospekte kommen an. Das belegt eine Studie der Uni Köln, der zufolge sich 47 % aller befragten Konsumenten als Intensivnutzer von Handelswerbung bezeichnen. Frauen häufiger als Männer, Ältere häufiger als Jüngere. Dabei wird offenkundig, dass nicht nur der Preis die Kaufentscheidung beeinflusst. Für 68 % der Konsumenten ist die Aufmachung des Prospektes entscheidend – inwieweit es gelingt, Emotionen zu wecken. Nur 32 % der Teilnehmer orientieren sich vorwiegend am Preis.

Die komplette Studie „Zur Gestaltung von Einzelhandelswerbung" ist mit einem Umfang von 87 Seiten zum Preis von € 100 beim Institut für Handelsforschung der Universität Köln erhältlich.

@ www.ifh-koeln.de

„EINSCHALTQUOTE" FÜR HAUSHALTSWERBUNG

Die Ermittlung von TV-Einschaltquoten ist längst Institution. Doch wie gut kommen z. B. Prospekte an, die im privaten Briefkasten landen? Mit AdPollo.de ging 2006 das erste deutsche Online-Panel zur Bewertung von Haushaltswerbung an den Start. Bei wöchentlichen Online-Befragungen treten werbetreibende Firmen mit dafür registrierten Konsumenten in Kontakt. Einerseits, um die tatsächlich erfolgte Zustellung der Werbemittel abzufragen, andererseits deren Werbewirksamkeit. Anreiz zum Engagement ist ein Prämiensystem, durch das der Verbraucher ab einem gewissen Punktestand mit einem Warenschein belohnt wird.

@ www.marketing-boerse.de

@ www.adpollo.de

IDETECTIVE SPÜRT MARKENPIRATEN AUF

Online-Auktionshäuser bieten die ideale Plattform für Marken- und Produktpiraten. Hier können Fälschungen problemlos verkauft werden, ohne dass der Betrug sofort bemerkt wird. Um dem Einhalt zu gebieten, haben nun Wissenschaftler des Fraunhofer-Instituts für Graphische Datenverarbeitung eine Software entwickelt, die das Netz nach Bildern und „digitalen Wasserzeichen" durchsucht, Texte auswertet und Musikdateien vergleicht: iDetective. Im Gegensatz zu konventionellen Suchmaschinen ermöglicht dieser professionelle Internet-Ermittler dem Nutzer die Definition individuell gewählter Suchalgorithmen.

@ www.idw-online.de

s 02 CROSSMEDIAL Nr 01 / 2007

Ein weiteres Beispiel für das Editorial mit Briefcharakter in der Kundenzeitschrift. (Quelle: crossmedial 01/2007)

Der E-Mail-Newsletter …

… ist kein Brief! Das ist klar. Aber hier wirken ganz offensichtlich noch immer Elemente des echten Briefes: vor allem im Anschreiber – auch hier Editorial genannt. Das Editorial ist ein Kurzbrief, verknappt auf wenige Sätze, der in den Text hineinführt. In vielen Newslettern funktioniert der Anschreiber als Klammer des Folgenden und gleichzeitig als Marktschreier, der kurz und knapp die kommenden Höhepunkte kenntlich macht – schon in den ersten Zeilen.

Auch der Newsletter landet in Ihrem persönlichen Briefkasten.

Wir nehmen Newsletter persönlich. Weit persönlicher als die Website, auf der wir primär nach Informationen suchen. Zumindest sagt dies eine aktuelle Studie des amerikanischen Usability-Gurus Jacob Nielsen aus dem Jahr 2006. Newsletter landen in der persönlichen Inbox und zielen auf Ihren persönlichen Account. Sie müssen sich bei jedem Eintreffen neu legitimieren: „Hallo ich bringe News/ Interessantes.“ Oder eben nicht. Das wäre dann der sichere Weg zur Abbestellung.

Egal, was andere sagen: Texten Sie ein Editorial! Es macht Ihr Schreiben persönlich.

Auch wenn Sie heute manchmal hören: „Weg mit dem Editorial“, bleiben Sie dabei! Gerade weil wir ein Land von Briefeschreibern sind. Gerade weil jeder Brief sagt „persönlich“, und gerade weil dieses Signal zu einem digitalen Medium gehört, das wir persönlich nehmen.

Es gibt übrigens noch ein gewichtiges Argument für die Editorials. Die eben erwähnte Studie zeigt, dass sich bei der Blickmessung von Newslettern im weitesten Sinn eine F-Struktur der Augenhaltepunkte ergibt. Nun ist klar, dass der Newsletter in der ersten Begegnung nicht gelesen, sondern nur sehr schnell mit den Augen „gescannt“ wird. Auch hier gibt es also eine erste und eine zweite Phase der Begegnung wie im Brief. Der Lesevorgang beginnt irgendwo, wo´s interessant wird – und führt dann erst einmal in den nächsten Klick.

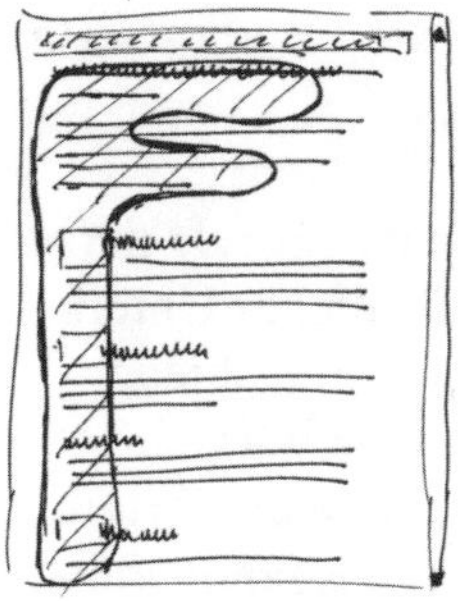

Die F-Struktur ist das, was man bei Beobachtung der ersten Phase misst. Vereinfacht gesagt: Wir „scannen“ immer schneller. Nur noch im Kopf des Newsletters werden Zeilen ausgewertet (die beiden Striche des F). Dann bleibt das Auge am linken Rand und nimmt Bilder (wenn vorhanden) oder die ersten Wörter der Headline mit.

Die Augen Ihres Lesers scannen Ihre E-Mail als „F“.

Wichtig: Dort, wo sich die beiden F-Striche befinden, ist Ihr Editorial, in dem Sie hoffentlich die Höhepunkte des kommenden Newsletters deutlich herausgestellt haben.

Zusammenfassung !

Zum Schluss: Sind Werbebriefe eigentlich noch zeitgemäß?

Ja und nochmals ja. Schauen Sie einfach auf Ihren Schreibtisch. Überlegen Sie, wie viele Briefe Ihr Unternehmen schreibt: Angefangen von der Bestätigung eines Probeabos bis hin zur Sommerfest-Einladung. Natürlich übertragen wir viel „schriftliche Kommunikation“ auf die E-Mail, weil wir damit ein Instrument nutzen, das die Vorzüge der Schriftlichkeit mit der Unmittelbarkeit eines Telefonats verbindet. Aber auch in der E-Mail zählt „gutes Schreiben“ zumindest in der Firmenkommunikation. Gerade weil E-Mails persönlich und unmittelbar geschrieben werden, verraten sie etwas über den Geschäftspartner am anderen Ende der Datenleitung. Peinlich und wenig glaubwürdig, wenn der keinen „geraden“ Satz in die Tastatur bringt.

Aber natürlich bleiben trotz E-Mail und Telefon noch genügend Briefe übrig. Die Zeit der Mailing-Großauflagen mag vorbei sein, doch in der Zeit des CRM (Customer Relationship Management) und der Datenselektion senden wir noch immer gezielt Werbepost in eben kleineren Auflagen in den Markt. Denn ein großer Vorteil des Werbe-

Ein klarer Pluspunkt für den Brief: Er braucht keine Permission.

briefes bleibt: Er braucht, anders als die Werbe-E-Mail, keine Erlaubnis des Adressaten.

Hält man sich noch vor Augen, dass jeder Brief, der ein Unternehmen verlässt, ein Werbebrief für dieses Unternehmen ist, dann wissen Sie, warum wir uns entschieden haben, dieses Buch zu schreiben. Seine Inhalte wurden schon sehr oft eingesetzt, um Korrespondenz und Werbebriefe zu optimieren. Bei Energieversorgern, bei Versandhändlern, bei Verlagen, Banken, Versicherungen, Agenturen, und, und, und.

Jetzt sind Sie dran! Ich wünsche Ihnen viel Spaß bei der Umsetzung und guten Response.

Ihr

Stefan Gottschling

Das kleine Lexikon ...

Zum Nachdenken und Nachschlagen für alle, die noch mehr lesen wollen...

Einfach, klar und verständlich soll Ihnen dieses Buch in der Praxis helfen. Deshalb finden Sie hier ein kleines Lexikon, das die wichtigsten Begriffe rund um den Werbebrief noch genauer erklärt.

A

AIDA

Eine der bekanntesten Regeln für den Aufbau einer Werbebotschaft. Die Bezeichnung AIDA setzt sich aus den Anfangsbuchstaben der amerikanischen Bezeichnung für Aufmerksamkeit (attention), Interesse (interest), Wunsch (desire) und Handlung (action) zusammen. Das bedeutet: Zuerst Aufmerksamkeit erregen, dann Interesse für das Angebot wecken, den (Besitz-) Wunsch wecken und verstärken, zur sofortigen Handlung auffordern (und sie auch ermöglichen).

Antwortkarten

Die Antwortkarte hat viele Namen: Informationskarte, Anforderungskarte, Bestellkarte, Einladungskarte, Gutscheinkarte, Wertscheinkarte, Postkarte usw. Aber welchen Namen sie auch trägt – sie ist wichtigster Bestandteil einer Direktwerbung, weil sie Sofortreaktionen ermöglicht und damit die Bestellquote erhöht. Nicht weniger wichtig ist ihre Funktion als „Erfolgsmesser“. Die eingehenden Antwort- oder Bestellkarten sorgen für die hieb- und stichfeste Erfolgskontrolle jeder Direktwerbe-Aktion. Heute senden immer weniger Menschen eine Antwortkarte per Post, sondern sie wird einfach gefaxt. Das hat natürlich Folgen für Layout und Text. Denn die Gestaltung muss „faxbar“ sein und die Bestelldaten befinden sich auf einer Seite.

B

B2B

Kurzbezeichnung für Business to Business. Teil der Distributionspolitik. Hier wendet sich ein Unternehmen mit seinem Angebot an ein in der Wertschöpfungskette nachgelagertes, anderes Unternehmen.

B2C

Kurzbezeichnung für Business to Consumer. Teil der Distributionspolitik, bei der sich ein Unternehmen mit seinem Angebot direkt an den Verbraucher wendet.

Blindmuster

nennt man ein vorgefertigtes Muster eines Werbemittels ohne die vorgesehenen Texte und Bilder. Bei Direktwerbeaktionen spielt das Blindmuster eine entscheidende Rolle bei der Ausschaltung von Pannen. Es ist verbindlich für Format, Falzung, Gewicht und dient als „Probestück" für alle maschinellen Arbeitsgänge.

Blindtext

Er wird anstelle des endgültigen Textes in ein Satzlayout eingefügt und ist meist ohne direkten Sinn (lorem ipsum ...). Er zeigt jedoch alle typographischen Merkmale des endgültig verwendeten Textes (Schriftart, Schriftgröße, Zeilenabstand, Zeilenfall usw).

Blocksatz

Anordnung der Zeilen eines Textes, bei der Zeilenanfänge und -enden in senkrechter Ausrichtung übereinstimmen.

Briefing

Die schriftliche oder mündliche Übergabe aller Informationen, die zur Erarbeitung einer Direktwerbeaktion notwendig sind. Dabei ist eine Vielzahl von Fakten festzuhalten und zu prüfen.

C

Cliffhanger

Kurzer, oft narrativer Überleitungssatz oder -absatz, der am Ende der Seite Spannung aufbaut und über den Fortsetzung-folgt-Effekt auf die nächste Seite führt. Diese Technik empfiehlt sich besonders bei mehrseitigen Werbebriefen.

Customer Relationship Management (CRM)

Zu Deutsch: Kundenbeziehungs-Management. Dieses integrierte Marketing-Konzept bezeichnet den gesamten Prozess von der Kundengewinnung bis hin zur Bindung und Pflege der Kunden durch Marketingmaßnahmen. Werbebriefe sind dabei ein wichtiges Instrument, das Kunden auch langfristig an ein Unternehmen oder eine Marke bindet.

D

DIN-Formate

A-Reihe

A0:	841	x	1189 mm
A1:	594	x	841 mm
A2:	420	x	594 mm
A3:	297	x	420 mm
A4:	210	x	297 mm
A5:	148	x	210 mm
A6:	105	x	148 mm
A7:	74	x	105 mm
A8:	52	x	74 mm

B-Reihe

B0:	1000	x	1414 mm
B1:	707	x	1000 mm
B2:	500	x	707 mm
B3:	353	x	500 mm
B4:	250	x	353 mm
B5:	176	x	250 mm
B6:	125	x	176 mm
B7:	88	x	125 mm
B8:	62	x	88 mm

C-Reihe

C0:	917	x	1297 mm
C1:	648	x	917 mm
C2:	458	x	648 mm
C3:	324	x	458 mm
C4:	229	x	324 mm
C5:	162	x	229 mm
C6:	114	x	162 mm
C7:	81	x	114 mm
C8:	57	x	81 mm

DIN-lang:
110 x 220 mm

E

Early Bird

Anreiz für den Empfänger Ihrer Werbebotschaft, seine Antwort so schnell wie möglich abzusenden. Verkürzt nicht nur die Reaktionszeit, sondern erhöht auch erfahrungsgemäß die Zahl der Reaktionen. Es kann sich zum Beispiel um ein Geschenk handeln, von dem gesagt wird, dass man nicht weiß, wie lange der Vorrat reicht. Eine Befristung des Angebotes durch einen ermäßigten Preis kann diesen Effekt ebenso auslösen. Oder es ist die befristete Zusatzverlosung eines Geldpreises in bar unter denjenigen, die ihre Karte bis zum Termin eingesandt haben.

F

Flattersatz

Zeilenfall mit unterschiedlich langen Zeilen, meist linksbündig ausgerichtet. Die Zeilen „flattern“ am Ende. Im Unterschied zum Blocksatz sind Wort-Zwischenräume gleich breit.

Fließtext

oder Mengentext nennt man den „normalen“ Text einer Drucksache, der nicht als Überschrift, Legende o. Ä. ausgezeichnet ist.

Flyer

Um die Portogrenze voll zu nutzen oder um besondere Aufmerksamkeit zu wecken, legen Direktwerbeprofis gerne ein meist kleines Prospektblatt der Aussendung bei: den Flyer. Auf ihm können nicht nur Sonderangebote oder ein Gratisgeschenk hervorgehoben werden, auch abge-druckte Kundenzuschriften, Gutachten oder Testergebnisse erhalten so besonderes Gewicht. Allerdings wird „Flyer" oft auch synonym gebraucht für „Prospekt".

H

Headline

Zu Deutsch: Kopfzeilen. Eine Headline ist ganz einfach gesagt eine werbliche oder journalistische Überschrift. Im Werbebrief haben Headlines längst die „Betreffzeile" ersetzt. Sie sind mehr als eine bloße Inhaltsangabe und damit auch mehr als das alte Betreff des Briefes: Denn sie führen in den Text oder setzen ein „geistiges Bild".

I

Impulskauf

Wenn der Kunde spontan eine angebotene Ware kauft, obwohl der Kauf eigentlich nicht geplant war, spricht man von Impulskauf. Angebote, die für den Impulskauf geeignet sind, werden in der Direktwerbung oft auf dem Briefumschlag oder auf der Bestellkarte platziert.

Impulsmethode

Im Direktmarketing von Stefan Gottschling für die Optimierung von Werbemitteln und Webseiten entwickelte Methode. Sie stellt fest, wie viele aktivierende Impulse durch Konzept, Layout und Text gesetzt werden, und zeigt Optimierungschancen (www.impulsmethode.de).

J

Johnson-Box

Spezielle Brief-Eröffnungs-Technik: Die wesentlichen Vorteile eines Angebots werden in knappen Zeilen zumeist eingerahmt, in Form eines Kästchens – dem eigentlichen Brief vorangestellt. Bei nicht personalisierten Briefen ersetzt die Johnson-Box das Anschriftenfeld. Heute wird sie auch bei personalisierten Briefen genutzt und steht dann meist über dem Anschriftenfeld.

K

KISS

Keep it short and simple. – Halte es kurz und einfach. Ein oft nicht nur für klare Texte und für Direktwerbe-Aktionen erfolgsentscheidender Grundsatz.

L

Layout

ist die skizzierte Gestaltungsidee eines Werbemittels. Man unterscheidet zwischen Rohlayout (Scribble), bei dem die Verteilung von Bild, Text und anderen Gestaltungselementen in einer Grobskizze visualisiert wird, und dem (Edel-) Layout, bei dem mit Blindbildern, Bildtext, Farbfolien, Farbpapieren usw. ein möglichst naturgetreues Bild des vorgesehenen Werbemittels erarbeitet wird.

M

Marketing

hat das Ziel, bestehende Absatzmärkte einer Ware zu erhalten, auszubauen und neue Märkte zu schaffen. Marketing bedeutet, alle Maßnahmen einer Unternehmung auf die Erfordernisse des Marktes auszurichten bzw. den Markt aktiv zu gestalten. So gehören zum Marketing u. a. Absatzpolitik, Marktforschung, Produkt- und Preispolitik, Public Relations, Verkaufsförderung, Verpackung, Werbung.

P

Papier

Naturpapier
a) Maschinenglatt
Für Briefe, Prospekte mit Grobraster, Mitteilungen etc.
b) Einseitig glatt

Für Verpackungen aller Art, Banderolen etc.
c) Satiniert
Die meisten farbigen Papiere sind satiniert. Die mechanisch geglättete Oberfläche wird besonders beim Schreibpapier benötigt.
d) Geprägt, gehämmert
Ausgefallene Struktur, wertvoller Eindruck bei Briefen, Prospekten, Speisekarten etc.

Gestrichenes Papier
a) Chrompapier
Einseitig gestrichen, für Etiketten, feine Verpackungen etc.
b) Kunstdruckpapier
Beidseitig gestrichen, für repräsentative Drucke mit Feinraster, Illustrationen etc.
c) Maschinengestrichene Papiere
Im Gegensatz zum Kunstdruckpapier in einem Arbeitsgang bei der Herstellung mit einem Aufstrich versehen; der Druck ist nicht ganz so brillant wie auf Kunstdruckpapier; für alle Druckerzeugnisse geeignet.

PS

Ausgeschrieben: Postskriptum. Das PS ist der letzte Abschnitt eines Briefes, noch nach der Unterschrift. Heute ist es zwar längst nicht mehr nötig, aber gerade im Werbebrief gilt das PS als „Joker“. Der Grund: Es ist oft der zuerst gelesene Absatz. Deshalb sollte hier ein Hauptvorteil oder eine positiv formulierte Aufforderung zur Reaktion platziert sein.

R

Response

Die Reaktion, Antwort, „Rücklauf“ – das A und O des Direktmarketings. Wenn mit dem Antwortelement nicht unmittelbar bestellt wird, sondern weitere Informationen angefordert werden, ist für die Beurteilung des Werbeerfolges nicht die reine Anforderungsquote maßgebend, sondern die „Umwandlungsrate“.

T

Testimonials

Referenzen, "Anerkennungsschreiben" bzw. entsprechende Aussagen von Kunden, die das angebotene Produkt gekauft haben, gehören zu den ältesten "Werbeargumenten". Dennoch ist ihre Wirksamkeit auch heute ungebrochen – wie Tests immer wieder beweisen. Besonders erfolgreich sind Anerkennungsschreiben, die auf bestimmte Weise dargeboten werden, zum Beispiel als verkleinerte Ausgabe des Original-Schreibens oder mit einem Bild des zufriedenen Kunden. Eine große Rolle spielt dabei die Glaubwürdigkeit. Nichts ist schlimmer, als wenn durch unglaubwürdige Veröffentlichungen die angesprochenen Interessenten den Eindruck bekommen, als handle es sich um unseriöse Tricks. Besonders wirkungsvoll: Testsiegel, Besprechungen Ihres Angebots aus der Presse, die Sie mit Quellenangabe in den Prospekt aufnehmen.

U

USP

Unique-Selling-Proposition – der einzigartige Verkaufsvorteil oder Nutzen, der ein Angebot von allen Konkurrenzangeboten abhebt.

W

WDD

Mit Hilfe der Wenn-Dann-Deshalb-Technik lässt sich ein Werbebrief ganz einfach strukturieren. Hier zeigt der erste Absatz ein Problem bzw. eine mögliche Lösung und beginnt mit dem Wörtchen „Wenn …". Der zweite Absatz beschreibt die Vorteile und steckt ein Ziel für den Leser. Er beginnt mit dem kleinen Wort „Dann …". Im dritten Absatz des Briefs geht´s um die ganz konkreten Schritte, die der Leser tun muss, um diese Vorteile auch zu bekommen. Ihre Beschreibung der notwendigen Schritte beginnt mit dem Wort „Deshalb …".

WDD+

Die Erweiterung der WDD-Technik. Hier kommt vor dem Deshalb-Absatz noch das Wörtchen „Weil …“. In diesem Abschnitt beweisen Sie zum Beispiel mit Testimonials, warum es sich für den Leser lohnt, das Angebot zu kaufen.

Werbebrief

Ein naher Verwandter des persönlichen Briefes. Denn auch hier wird eine auf Papier fixierte Nachricht befördert, die eine für den Empfänger (persönliche) Nachricht enthält. Als Direktmarketing-Instrument ist daher der Werbebrief wohl die persönlichste Form der Kontaktaufnahme mit einem (potenziellen) Kunden.

Ihre Notizen:

....

....

Literaturverzeichnis

Bayerl, Claudia: 30 Minuten für Kreativitätstechniken. Offenbach: Gabal Verlag, 2005.

Dallmer, Heinz (Hrsg): Das Handbuch Direct Marketing & More. 8., völlig überarbeitete Auflage. Wiesbaden: Gabler, 2002.

Duden: Briefe gut und richtig schreiben! Ratgeber für richtiges und modernes Schreiben. 3., überarbeitete und erweiterte Auflage. Bearbeitet von der Dudenredaktion. Mannheim: Dudenverlag, 2002.

Gottschling, Stefan: Die Texterfibel für das Direktmarketing. Augsburg: Textakademie, 2002.

Gottschling, Stefan: einfach besser texten. Offenbach: Gabal Verlag, 2006.

Gottschling, Stefan: Stark texten, mehr verkaufen. Kunden finden, Kunden binden mit Mailing, Web & Co. 2., erweiterte Auflage. Wiesbaden: Gabler Verlag, 2006.

Gottschling, Stefan: Texten zum Hören. Textwerkstatt – das Hörprogramm. 2 Audio-CDs à 40 Minuten. Augsburg: Textakademie/ SGV-Verlag, 2007.

Gottschling. Stefan / Rechenauer, Hannes: Direktmarketing. München: Manz Verlag, 1994.

Gottschling, Stefan: Was uns in den Kopf will und was nicht oder was Ihr Text tun kann, damit er schneller ankommt. In: Winter, Jörn: Handbuch Werbetext. 2. erweiterte Auflage. Frankfurt/Main: Deutscher Fachverlag, 2004.

Langer, Inghard / Schulz von Thun, Friedemann / Tausch, Reinhard: Sich verständlich ausdrücken. München, Basel: Ernst Reinhard Verlag, 1990.

Manekeller, Frank: DIN 5008 von A bis Z. Perfekt schreiben mit Word 2003. Troisdorf: Bildungsverlag EINS, 2004.

Reiners, Ludwig: Stilfibel. Der sichere Weg zum guten Deutsch. 29. Auflage. München: Deutscher Taschenbuch Verlag, 1998.

Schneider, Wolf: Deutsch für Kenner. Hamburg: Gruner + Jahr, 1988/3.

Schneider, Wolf: Deutsch für Werber. Bonn: VDZ-Edition Publikumszeitschriften, o.J.

Sick, Bastian: Der Dativ ist dem Genitiv sein Tod. Folgen 1-3. Köln: Kiepenheuer & Witsch, 2004/2005/2006.

Textor, A.M.: Sag es treffender. 43. Auflage. Reinbek: Rowohlt Taschenbuch Verlag, 2002.

Vögele, Siegfried: Dialogmethode: Das Verkaufsgespräch per Brief und Antwortkarte. Landsberg a.L.: mi moderne industrie, 1992/6.

Wolff, Peter: Anreden und Anschriften. Korrekt in Wort und Schrift. Berlin: Urania Verlag in der Dornier Medienholding, 2000.

Die Literaturliste ist ein kleiner Ausschnitt der vielen Informationen, die hier eingeflossen sind. Sie soll einfach zum Lesen anregen. Internet-Quellen sind nicht genannt, da sonst lange Linklisten folgen müssten. Stellvertretend dafür finden Sie hier jedoch die Web-Adressen wichtiger Verbände:

- Deutscher Direktmarketing Verband (DDV): www.ddv.de
- Bundesverband Digitale Wirtschaft (BVDW), ehemals Deutscher Multimedia Verband (dmmv): www.bvdw.org
- Verband der deutschen Internet-Wirtschaft (eco): www.eco.de

Mehr Informationen zu den Direktmarketing-Büchern und Seminaren von Stefan Gottschling finden Sie auf der Website der Textakademie (www.textakademie.de). Eine Vorschau auf die neuen So-geht´s-Produkte aus dem SGV-Verlag und Leseproben gibt es unter www.sgv-verlag.de.

Der Tipp des Monats – und Ihr Briefbuch „geht weiter" ...

Als Service für alle Leser schreibe ich jeden Monat einen neuen Textertipp. Melden Sie sich einfach unter www.textakademie.de für diesen kostenlosen E-Mail-Service an. Aktuelle Text-Themen, konkrete Praxishilfen oder Techniken, die Ihre Texte weiter verbessern finden Sie dann jeden Monat in Ihrem Tipp. Praktisch und sofort umsetzbar. Einfach anmelden - und Ihr Briefbuch wächst und wächst und wächst …

Danke

Dieses Buch ist Teamwork. Dass es entstehen konnte und dass damit die erste „So geht's"-Publikation des SGV Verlages vorliegt, daran waren auch Redakteure der Textakademie maßgeblich beteiligt. Als Ideengeber, Sparringspartner und Koautoren an manchen Stellen. Sie haben mit mir Ideen entwickelt und unermüdlich weitergemacht. Herzlichen Dank an Tobias Schlegel für Headline-Ideen, an Christine Schneider, die die Hauptlast im Satz getragen hat, und auch an das später hinzugekommene Redaktionsmitglied Bettina Klaußner.

Abschließend noch ein großes Danke an Christian Geißel für geniale Grafiken zum Kapitelanfang und die Gestaltung eines außergewöhnlichen Covers.
An Erwin Stein ein weiteres Dankeschön, dass wir den Brief auf Seite 16 abdrucken konnten.

Ihre Notizen:

....

....

Stichwortverzeichnis

R

S

T

U

V

W

Z

Ihre Notizen:

....

....

Der Autor

Stefan Gottschling ist ein erfahrener Fachautor, Direktmarketer, Journalist und Texter aus Leidenschaft. Der studierte Pädagoge, Germanist und Direktmarketing-Fachwirt (BAW) verfügt über fast zwanzig Jahre Direktmarketing-Erfahrung. Er war als Texter und Kreativchef in einem großen Fachverlag tätig, Geschäftsführer einer Print- und Multimedia-Agentur (Deutscher PR-Preis) und gilt als Spezialist für verkaufsstarke Texte und Konzepte.

Heute sind seine beruflichen Schwerpunke die Geschäftsleitung der Textakademie GmbH in Augsburg und die Leitung des SGV-Verlags. Mit der Textakademie berät er zahlreiche Unternehmen und bildet Texter, Journalisten und Marketing-Profis aus. Seine Texterseminare, Vorträge und Bücher haben bereits viele tausend Zuhörer und Leser begeistert.

Als Vorstand des „Instituts für messbare Werbung und Verkauf" in Augsburg und Klagenfurt beschäftigt er sich u. a. mit Verständlichkeitsforschung und entwickelt neue Ansätze, um Response- und Dialogqualität zu messen.

Die Redaktion

Tobias Schlegel ist studierter Diplom-Politologe und Kommunikations-Wissenschaftler. Heute ist er Chefredakteur bei der Textakademie und zuständig für Konzeption, Beratung und Beurteilung von Werbemitteln und Texten. Privat gehört seine Leidenschaft der schönsten Nebensache der Welt, die auch schnell mal zur Hauptsache wird: dem Fußball.

Christine Schneider hat den Bachelor-Studiengang Medien und Kommunikation an der Universität Augsburg erfolgreich abgeschlossen. Heute setzt sie in der Textakademie-Redaktion ihr erworbenes Wissen ganz konkret in die Praxis um. Im SGV-Verlag ist sie die zentrale Schnittstelle, wenn es um Planung und Konzeption von Büchern geht. Auch privat gilt ihre große Leidenschaft den Büchern.

Bettina Klaußner überträgt ihr Wissen aus dem Master-Studiengang Medien und Kommunikation in der Textakademie in die Praxis. Und dort macht sie das, was ihr am meisten Spaß macht: Schreiben.

Weiter im Text …

… geht es auf der Website des SGV-Verlags und mit den Büchern von Stefan Gottschling.

www.sgv-verlag.de.
Bestell-Telefon: 0906 / 73 464
Bestell-Fax: 0906 / 73 122
Bestell-E-Mail: leserservice@auer-medien.de
Handfeste Werkzeuge rund um Text, Konzept und Dialogmarketing finden Sie auf der Website des SGV-Verlags. Dort gibt es auch alle Bücher und das Hörprogramm von Stefan Gottschling.

Texten zum Hören – das Kompaktseminar für unterwegs

Das Hörprogramm von Stefan Gottschling zeigt Ihnen, wie spannende und verkaufsstarke Texte entstehen. Das Wissen ist zur direkten Anwendung in der Praxis aufbereitet. 2 CDs à 40 Minuten Spielzeit – jetzt im SGV-Verlag. Gleich bestellen im SGV-Verlag unter 0906 / 734 64 oder online unter www.sgv-verlag.de

Mehr aus dem SGV-Verlag

Freuen Sie sich schon jetzt auf das „Lexikon der Wortwelten" aus dem SGV-Verlag:

Lexikon der Wortwelten. Das So-geht´s-Buch für bildhaftes Schreiben

Fachautor Stefan Gottschling weiht Sie ein in die Kunst der Verwandlung. Das Büchlein verrät Ihnen, wie Sie mit Metaphern, Wortwelten und ganz viel Bildmagie die Gedanken Ihres Lesers lenken und Produkt und Thema auf überraschende Weise inszenieren.

Was der SGV-Verlag empfiehlt:

Der Bestseller – „Stark texten, mehr verkaufen“

Das Texterbuch „Stark texten, mehr verkaufen“ von Stefan Gottschling zeigt Ihnen, wie Sie Ihre Texte Schritt für Schritt auf Response trimmen. Mit praktischen Übungen optimieren Sie Ihre Text-Arbeit und machen aus Adressaten Kunden.

Das Mitmach-Buch – „einfach besser texten“

Dieses Texterbuch von Stefan Gottschling enthält all die Informationen, die man in Textbüchern eigentlich nicht findet. Dieses untypische Buch verrät Schreibkniffe, frischt die Grammatik auf und hilft Ihnen, stilsicher zu texten.

Der Turbo für Ihre Kreativität

Im Büchlein „30 Minuten für Kreativitätstechniken“ von Claudia Bayerl lesen Sie, wie Sie schnell und zuverlässig neue Ideen finden. In nur 30 Minuten zeigt Ihnen die Autorin einen Werkzeugkasten, mit dem Sie Ihre Aufgaben jederzeit kreativ und schnell lösen.

Noch weiter im Text …

… geht´s in den Texterseminaren von Stefan Gottschling:

Zum Beispiel mit den beiden Intensiv-Seminaren Textwerkstatt I und II: Erleben Sie mit vielen Übungen und konkreten Beispielen, wie Sie mit starken Texten mehr verkaufen. Sehr praxisnah, mit viel Spaß und fundierten Werkzeugen arbeiten Sie auch an eigenen Texten. Dabei werden die ausführlichen Seminar-Unterlagen zu maßgeschneiderten Arbeitsbüchern.

In der Textwerkstatt I lernen Sie ein Redigiersystem kennen, das zeigt, wie aus Rohtexten mit einfachen Textwerkzeugen erfolgreiche Werbebriefe entstehen. „Schreibblockaden“, „Texteinstiege“ oder „bildhaftes Texten“ sind nur einige der vielen spannenden Themen, die Sie erwarten.
Textwerkstatt II zeigt, wie Sie sich gute Argumente erarbeiten, Produktmerkmale in Nutzen verwandeln und bereits durch die Konzeption die Weichen auf Erfolg stellen. Auch Headline-Techniken und Tonalitäten werden in diesem Seminar zum Praxis-Thema.

Ideale Ergänzung zu den Texterseminaren ist der Workshop Kreativitätstechniken: Er vermittelt Ihnen, wie Sie schnell und zuverlässig Ideen finden, Moderationen effizienter gestalten oder festgefahrene Besprechungen in wahre Ideen-Fundgruben verwandeln.

Unter www.textakademie.de finden Sie das komplette Seminarprogramm und ausführliche Inhaltsangaben. Informieren Sie sich umfassend, stöbern Sie in den Fachartikeln zum Download oder abonnieren Sie einfach Ihren kostenlosen Textertipp des Monats.

Wir freuen und auf Ihren Besuch!

Ihre Textakademie GmbH

TEXT AKADEMIE
Praxisseminare – Direktmarketing – Beratung